大專用書

意外保險

蘇文斌著

三民書局 印行

國立中央圖書館出版品預行編目資料

意外保險／蘇文斌著.--初版.--臺北
市：三民，民82
面；　　公分
ISBN 957-14-1964-8 （平裝）

1.保險

563.7　　　　　　　　　　　32000888

ⓒ 意外保險

著　　　者　蘇文斌
發行人　劉振強
著作財產權人　三民書局股份有限公司
印刷所　三民書局股份有限公司
　　　　　地址／臺北市重慶南路一段六十一號
　　　　　郵撥／〇〇〇九九九八一五號
初　版　中華民國八十二年三月
編　　號　S 56012
基本定價　肆元肆角肆分
行政院新聞局登記證局版臺業字第〇二〇〇號

ISBN 957-14-1964-8 （平裝）

序　言

　　意外保險之發展乃源由工業革命之科技革新，經濟工商活動之頻繁及社會生活改變且趨於多樣而複雜化下產生了影響個人或企業安定發展之新危險，因此為承擔此類廣泛新穎之危險，以應社會的需要，才有新的保險商品推出。這些新種保險係指海上保險、火災保險除外之各種保險均包括在內，僅按各險種開辦之順序予以分類，並無理論上之統一分類體系，我國在保險業務之經營實務中概以「意外保險」稱之。

　　其次，此項意外保險係承擔了各種綜合危險外，也脫離了傳統保險的藩籬，大多以一張保單統括承保財產損失及對他人之損害賠償責任，故本保險無論在承保對象之選擇、承保範圍及條件、核保與費率之釐訂、與其他保險之關聯性均有相當複雜性，頗值吾人注意。

　　如前所述，以「意外保險」一詞與火災保險、海上保險及人壽保險來區別，實有不妥之處。蓋任何保險所保障者不外乎是「危險事故」，而「危險」一詞係指損失之不確定性，亦即是為不可預料及不可抗力者，此乃所謂「意外」，故也可以說所有保險均為「意外保險」，然則何必獨衷所謂「意外保險」呢？因此，本書所敘述之意外保險應是以除傳統之業務分類之海上保險、火災保險等以

外之各種新種保險之總括，亦是爲因應今後不斷變化之新危險而須努力開發新的保險商品。

本書主要提供給專科學校保險科同學在「意外保險」課程上研讀所需，由於爲一學期二學分之課程，故在編寫方面以簡明爲原則，著重理論與實務兼顧，用深入淺出之敍述，將意外保險作一系列之介紹，誠盼讀者能獲得實用之知識與概念。

本書撰寫倉卒，加上筆者教學與行政工作繁劇，容有不妥與失誤之處，敬祈讀者與保險界學者專家多予指正。另外，本書得以完成，除感謝逢甲大學銀保系主任王永昌博士之鼓勵外，吳明哲先生、楊秀英小姐、鍾淑裕及林毅志同學幫忙編校，尤爲感念。在編寫過程中，資料與體裁之參考，得力於袁宗蔚教授之《保險學》，楊誠對教授之《意外保險》，宋明哲教授與胡宜仁教授之《保險實務》，陳代衆先生之《工程保險》，產險公會之《意外保險訓練教材》，及財團法人中華民國責任保險研究基金會之《責任保險論文集》等著作或文獻之處頗爲良多，亦謹藉此向諸師友先進致最誠摯的敬意與謝意。

蘇文斌　謹識

逢甲大學

中華民國八十二年二月

意外保險

目　錄

第一章　緒　論

第一節　保險的分類

有關保險的分類，有各種不同的看法，一般而言，係隨著日新月異持續變化之保險需求及保險技術之進步相互配合，也即朝向專門化及結合化之趨向而發展，絕不能單純的依「物」或「人」的保險來分類，如此將不能得到精確的結論。例如汽車保險包括汽車本身車損險、對第三人之財產及人身傷害賠償責任險，故不能將其單純地歸類於「物」的保險。又一棟住宅必須保障因火災、風災、水災所致之損害，但也須保障對他人財產或人身傷害之賠償責任，致有家主全益計劃保單（homeowners program policy）。因此，欲求妥當的保險分類顯然有困難性。然而，我們仍可依下列性質，將保險分類為：

一、依與國家之各項社會性、經濟性政策相關性之分類有

　　㈠個別經濟保險：

　　如人壽保險公司經營之人壽保險、健康及傷害保險等；產物保險公司經營之火災保險、海上保險等；郵局販賣之簡易人壽保險；保險合作社經營之漁船保險等。

㈡社會保險：

如我國之公務人員保險、勞工保險、農民健康保險等。

㈢國民生活保險：

汽車第三人責任保險、公共意外責任保險等具有安定國民基本生活之社會意義之保險。

㈣經濟政策保險：

如輸出信用保證保險等。

二、依經營主體、目的及政策可分為

㈠公營保險與民營保險：

前者如政府或其他依公法設立經營之保險，如我國勞工保險局、中央信託局公務人員保險處。後者指依私法設立或私人所經營之保險，如保險股份有限公司。

㈡營利保險與非營利保險：

凡以營利為目的之保險為營利保險，如一般保險股份有限公司均屬之。另外，又有非以營利為目的之保險，如保險合作社、相互保險社等。

㈢任意保險與強制保險：

任意保險係指保險之加入與否，悉聽當事人自由決定，如一般民營保險公司所經營之保險。強制保險乃指保險之參加與否，均須依法律之規定來強制參加，如我國之勞工保險、汽車第三人責任險等。

三、依保險法之規定，可分為

㈠財產保險：

凡以財產為標的之保險均屬之。如火災保險、海上保險、陸空保險、責任保險及其他財產保險。

㈡人身保險：

　　凡以人身爲標的之保險均屬之。如人壽保險、健康保險、傷害保險以及勞工保險之醫療保險等。

第二節　意外保險之意義與本質

　　意外保險的發展乃源由工業革命之科技革新、經濟工商活動之繁榮及社會生活改變且趨於多樣而複雜化下，產生了影響個人或企業安定發展之新危險，因此爲承擔此類廣泛新穎之危險，因應社會的需要，才有新的保險商品推出。這些新種保險係指將海上保險、火災保險除外之各種保險均包括在內，僅按各險種開辦之順序予以分類，並無理論上之統一分類體系，我國在保險業務之經營實務中概以「意外保險」稱之。

　　其次，此項意外保險係承擔了多種危險外，也脫離了傳統保險的藩籬，大多以一張保單統括承保財物損失及對他人之損害賠償責任，故本保險無論在承保對象之選擇、承保範圍及條件、核保與費率之釐訂、與其他保險之關聯性均有相當複雜性，頗値吾人注意。

　　自一七九七年德國麥克布魯克雹害火災保險相互公司（Mecklenburgische Hagel-und Feuer-Versicherungs-Gesellschaft）設立開始經營冰雹保險後，歐美國家此類新種意外保險似雨後春筍相繼開辦蔚爲時尙。如法國於一八二九年開辦玻璃保險、一八三〇年推出交通傷害保險；英國在一八五四年開始經營蒸氣機保險、一八八七年創辦竊盜保險、一八九六年銷售世界第一張之汽車保險單、一九〇八年發展航空保險；美國於一八

六三年開辦疾病與傷害保險、一八七五年辦理保證保險，並在一八九〇年後期有關僱主責任保險、內陸運輸保險等多種意外保險相繼上市。我國意外保險之濫觴始自民國四十六年七月試辦汽車保險，三十多年來，由於工商業發達，經濟成長快速，國民所得提高，使意外保險之發展迅速，各項新種保險亦不斷推出，業務量亦大幅成長，較其他各險爲高，幾佔財產保險業務之半數，可見意外保險之蓬勃。

如前所述，以「意外保險」一詞與火災保險、海上保險及人壽保險來區別，實有不妥之處。蓋任何保險所保障者不外乎是「危險事故」，而「危險」一詞係指損失之不確定性，亦即是爲不可預料及不可抗力者，此乃所謂「意外」，故也可以說所有保險均爲「意外保險」，然則何必獨衷所謂「意外保險」呢? 因此，我們本書所列之意外保險應是以除傳統業務分類之海上保險、火災保險等以外之各種新種保險之總括，亦是爲因應今後不斷變化之新危險而須努力開發新的保險商品。

第三節　意外保險之種類

意外保險乃因社會經濟之發展，種類日漸繁多，一般而言，計有下列之種類:

一、普通意外傷害保險

即承保被保險人在保險期間內，因遭受外來突發的意外事故，致身體受傷害或因而死亡、殘廢時，由保險人給付保險金之保險。其最常見的爲個人傷害保險、旅行平安保險、團體傷害保險（俗稱 AD&D）。

二、職業意外傷害保險

即承保被保險人在工作中執行職務時所引起之外來之意外事故，致身體受傷害或因而死亡、殘廢時，由保險人給付保險金之保險。其可分爲營業用貨車駕駛人及隨車人員平安保險、遊覽車駕駛人及乘客平安保險、工地工程人員平安保險、旅館房客平安保險、企業領袖特級保險、僱主意外責任保險、勞工職業意外傷害保險等。

三、汽車保險

乃是保險業對各類型汽車所有人所提供的一種綜合性保險，其承保期間大多以一年爲限，其又可分爲：

㈠汽車綜合損失險及其附加險。

㈡汽車竊盜損失險及其附加險。

㈢汽車第三人責任險及其附加險。

四、責任保險

又稱第三者責任保險，即被保險人依法對第三者負損害賠償責任時，由保險人任補償責任之保險，其可分爲：

㈠個人責任保險：

由保險人承保被保險人因個人行爲（與其職業或企業主身分無關）對第三人所發生損害賠償責任之保險。如被保險人因運動、駕車或其所有之家畜所致對他人之損害而須負之賠償責任。

㈡企業與業主責任保險：

此即由保險人承保各事業單位因業務上之行爲或各建築物之業主因建築物的缺陷而發生意外致使第三人發生財損、體傷或死亡所致之損害賠償責任之保險。如公共意外責任保險、電梯責任保險、營繕承包人責任保險、產品責任保險等。

㈢職業責任保險：

即承保專門職業之被保險人因職務上之過失對第三人所發生損害賠償責任之保險。如醫師責任保險、會計師責任保險、律師責任保險等。

五、工程保險

承保工程在施工後，或機器設備在安裝試車完工運轉時，遭受到意外之損害，而由保險人給付保險金之保險。目前我國產險公司經營之工程保險有：營造綜合保險(EAR)、營建機具綜合保險（CPM）、鍋爐保險（BPV）、機械保險（MI）、電子設備保險（EEI）等。

六、航空保險

係承保與航空運輸有關之保險，原應包括在廣義的運輸保險之中，但由於近代航空運輸之繁榮發展，航空保險也日益重要，其承保範圍除了財物之損害及第三人責任之外，亦包括了傷害保險在內。通常航空保險包括了飛機機體保險、飛機責任保險及飛機場責任保險。

七、竊盜保險

承保被保險人財物，由於竊盜、夜盜、強盜而被盜取、毀損或污損等所受損失之保險。其可分為住宅竊盜保險、營業處所竊盜保險及銀行竊盜保險等。

八、保證保險

又稱為(bond)，係保險公司作保證人對債權人之保證，保證債務人將確實履行其契約上之債務，如債務人違約，將由保險公司（亦即保證人）任補償義務之保險。其種類主要者有員工誠實保證保險、工程保證保險、銀行綜合保證保險等。

九、其他意外保險

除上所述之意外險種外，另有如現金保險、信用保險、玻璃保險、動產綜合保險及動物保險等，這些保險係為因應社會之需要而產生的新種保險，因其有別於傳統的火災、海上及人壽保險，而將其單獨列出歸類於意外險，無論其分類之歸屬如何，其均為保險市場中近年來蓬勃發展的險種，頗值得吾人重視。

本章摘要

意外保險乃源由工業革命之科技革新、經濟活動之繁榮及生活形態改變而產生新的危險演變而來之新險種。它的發展雖較傳統產險之海上保險、火災保險慢，但業務之成長卻有後來居上之勢，足見其重要性日增。

一般而言，意外保險之種類跨越了傳統之人身與非人身保險之分類，舉凡新開辦之險種而有異於海上及火災保險者均可歸屬之。目前意外保險可分為普通意外傷害保險、職業意外傷害保險、汽車保險、責任保險、工程保險、航空保險、竊盜保險、保證保險及現金、信用、玻璃、動產綜合及動物保險等。

這種承擔廣泛危險之新種保險——意外保險將成為保險商品中的新寵，尤其如何以一張保險單統括承擔財產損失及賠償責任，均為意外保險未來發展之一大課題。

本章習題

一、依經營之主體、目的及政策而言，保險的種類可分為那些？

二、意外保險發展之源由與未來之趨勢。

三、汽車保險之種類有那些，請概述之。

四、解釋下列名詞：

  ㈠工程保險

  ㈡航空保險

  ㈢保證保險

  ㈣竊盜保險

第二章　普通意外傷害保險

第一節　意外傷害保險之概念

　　意外傷害保險主要在於補償被保險人，由於意外災害，造成所得能力與生活機能之滅失或減少，以及醫療費用之支出，因此其乃為人身保險之一種。但由於保險金的給付通常係依照傷害程度之輕重而不同，所以其也具有損害保險之性質。自一八九四年英國之鐵路旅客保險公司（Railway Passengers Assurance Company）推出以鐵路事故之傷害為對象之旅客意外險後，迄今近百年來，意外傷害保險業務發展極為迅速。究其原因，首推近代科技文明之進步，工商業繁榮之結果，對人類日常生活帶來了許多的方便，但是在利之所趨之同時，損之也至，即也讓人類遭受外來意外傷害之機會日漸增多，大者如地震、洪水、颱風、工業災害，小者如運動娛樂、交通旅行、大廈失火、環境污染等事故，一旦發生，必有死傷，也容易成為大規模之災害，因此，可說我們生活中被多數之災害危險所包圍著，此乃意外傷害保險需求顯著化之原因。

　　其次，當這些災害之傷害事故，會致使吾等經濟生活之不安

定，如收入損失、額外費用支出增加，於是大家均感到由於此種意外傷害所致之生命或財產之損失實有加以保障之必要。再加以政府通常爲保護國民爲目的而實施社會福利政策，在此項政策下，往往透過立法要求企業團體對勞工提供福利措施，最常見的作法乃爲勞工投保團體險及參加政府辦理之社會保險（如我國之勞工保險），此也是促成意外傷害保險之需求。

我國自民國六十七年及六十八年由財政部頒佈並修訂「個人傷害保險示範條款」後，使保險業在設計與經營此類保險上有所依據，亦使意外傷害保險成爲人身保險中重要險種之一。且在民國七十六年，臺北市人壽保險商業同業公會針對過去同業間辦理是項保險之經驗與缺失，提出對前述條款之修正意見，報請財政部同意後實施，更使我國意外傷害保險之經營益臻完善，業務成長亦極爲輝煌，這可以說是我國國民在生活之多樣化、高度化中，體認出對於是項保險之需求性。

意外傷害保險雖爲人身保險之一種，但也具有損害保險之性質，故其業務究屬壽險公司經營抑屬於產險公司經營之險種呢？學理上、實務上均發生相當爭論。我國保險業法禁止產物保險與人壽保險兼營，而意外傷害保險在保險法上明定爲人身保險之一種，照理亦由人壽保險公司來經營，但是在產物保險公司中所販賣之責任險中亦含人身意外傷害保險之賠償，兩者實有不明確之處。然而產壽險業界雖有形態上之差異，且均有經營意外傷害險，但吾人可就意外傷害保險之特性予以說明其歸屬之適當性：

1.就保險事故而言，意外傷害保險係指由意外事故致身體上之傷害，而一般人壽保險主要承保人之生存或死亡，而人之死亡乃爲一必然之結果，只不過其發生之時期不確定而已，但意外傷

害險之傷害所致死亡乃爲一偶發事故的結果，其偶發之「不確定性」較一般壽險來得強烈，故從突發不確定之層面而言，其具有財產保險之特性較強，因一般財產保險所承保之事故大多爲不確定性較強烈者。

　　2.就保險價額而言，因意外傷害保險之被保險人，其保險標的之主體爲「人」，故其並無如同其他財產保險所存在的有保險價額、有超額保險、不足額保險及重複保險之比例分擔條款之運用，因此，就保險價額之特性來說，似較偏向人壽保險。

　　3.就理賠給付而言，一般人壽保險均爲定額保險，但意外傷害保險雖亦以契約所約定之保險金額爲基準,惟其給付並非定額，係依照其傷害之程度來支付一定之比率，況且本保險係以保障被保險人所得能力之減失、減少及補償其醫療費用之支出等，故其也有類似利益保險、費用保險之實，由此觀之，它豈不具有財產保險之要素較強呢？

　　今後，由於頻繁而多樣且新穎之危險造成吾人收入損失，費用增加，不論從個人、企業或整體社會而言，這種生活保障之需求可說是只有日增而無減少，因此意外傷害保險之業務必將更是發達。

第二節　意外傷害保險之保險事故

　　所謂意外傷害保險所承保的乃「因遭遇外來突發的意外傷害事故」，「爲直接且單獨原因」，「致其身體蒙受傷害因而殘廢或死亡時」，給付保險金(我國個人傷害保險示範條款第二條之定義)，由此可知其最基本之保險事故乃是指「外來突發之意外傷害」，而

此項事故須具備有下列之要件：

一、急劇性（violent）

又稱急激性，所謂急劇係指產生傷害原因之事故（peril）並非緩慢、輕微，而是從原因之發生到結果之過程是直接、連續的。如因在石棉瓦工廠長期工作，因空氣污染所造成肺疾（如肺矽腫等），不爲其承保範圍，因其傷害是漸進、緩慢的。

二、外來性（external）

外來性乃指意外傷害之發生係由被保險人本人身體外部之因素所造成，如身體內在的原因，如心臟宿疾引起跌倒而所致之傷亡則不予賠償。

三、偶然性（accidental）

所謂偶然的事故必須爲㈠事故之發生是否爲偶然，㈡結果之發生是否爲偶然，㈢原因、結果是否均爲偶然，例如某人在路上行走突然跌倒，而被行駛中之汽車撞到，因其事故之發生爲偶然（突然跌倒），結果之發生爲偶然（被汽車撞到），原因與結果均爲偶然（突然跌倒結果被行駛到來之汽車撞到）。

四、直接之結果（direct result）

即在原因（即危險事故）與傷亡（結果）之間，須要有相當之因果關係。然而是否直接之結果實不易判斷，有時可以因此項傷害是簡單、明顯的而容易辨別，有時如複雜的傷害而不能判斷時，則除根據事故發生現場來認定外，也可參考被保險人平常之健康狀態、既往症、身體體質、治療中之狀況等情形而予以辨別是否爲直接之結果。

五、須有體傷（bodily injury）

凡必須有因此項突發外來事故而造成被保險人本身肢體傷害

或致使器官功能異常，甚至外部並無明顯可視之痕跡而內部卻存有障礙者也包括在內。

意外傷害保險所承保之保險事故，其核保考慮之因素除了殘疾率（morbidity）、利率和費用率外，並與職掌、職務、性別有很大的關係。例如營造建築工人的危險性，都比每天從事辦公室辦公的人來得高。因此，保險業在承保此項意外傷害險時，不必對被保險人身體作體檢，也不以年齡不同而有所不同，卻主要以被保險人的職掌類別爲準。我國保險業已編製一套「臺灣地區傷害保險個人職掌分類表」，將職掌按危險程度分成六類（如表2-1）。而保險費率即依此六類職業別加以釐訂（如表2-2）。另外又對從事特別危險職業者如爆破工作人員、特技演員、高壓電工程設施人員等皆歸入拒保類，爲保險業所拒保的對象。

若被保險人從事二種以上職業者，則以類別較高者爲收費之標準。如果被保險人投保以後職業變更，須通知保險公司辦理更正，若變動後之職業危險較低時，則保險公司應依差額比率退還未滿期保費。反之，則依差額加收未滿期保費。若變更後的職業屬於前述所列拒保範圍者，則由保險人退還未滿期保費後，契約即行終止。

其次，在保險商品的設計上，意外傷害保險常與一般普通壽險混合設計，或以特約或附加方式附加於普通壽險內，使保險契約的保障擴大。近年來由於意外事故之頻繁，單獨販賣的意外傷害險也很多，像家庭人身意外險、工地工程人員平安保險、旅行平安保險等。

此外，爲避免道德性危險之產生，通常對於未滿十四歲以下之未成年人有保險金額最高之限制（一般爲新臺幣六十萬元），且

對超過六十五歲的老人亦設有投保限額及相關加費之標準。(如表
2-3)

【表2-1】職業分類簡表

第一類	機關團體公司行號內勤職員，建築公司之建築師、製圖員，布類紙品工藝品之加工工人，一般醫師及護士，影片商，音樂家，畫家，教師，學生，宗教人士，出版商、書店、文具店之店東及店員，米商，雜貨商，家具商，食品商，文具商，布商，服飾買賣商，手工藝品買賣商，瓦斯器具商之負責人及店員，律師，會計師，代書，經紀人，理髮師，美容師，攝影師，家庭主婦。
第二類	機關團體公司行號外勤人員，農夫，計程車行、貨運行之負責人，室內裝潢人員，竹木製手工藝品之加工、雕刻工人，記者，廣告影片之拍攝錄製人員，助產士，電影電視一般演員、導演、場記、攝影工作人員、燈光及音響效果工作人員、沖片、洗片工作人員，一般清潔工人，舞蹈演藝人員，戲劇演員，校工，建材商，車輛器材商，魚販，肉販，液化瓦斯零售商負責人，鐘錶匠，家庭備工。
第三類	農業長短工，果農，圈牧、放牧人員，獸醫，內陸漁業養殖工人，自用大小客車司機，導遊，建築公司測量員、工程師、監工、建築工地領班，木匠，汽車機車修理保養工，送報員，游泳池教練，歌廳、酒吧工作人員，批發商負責搬運工作人員，鞋匠，洗衣店工人，大樓管理員，警察，一般軍人。
第四類	礦業工程師，遊覽車、客運車司機及服務員，小型客貨兩用車司機，自用貨車司機，鐵路貨運搬運工人，客貨輪高級船員，建築業之模板工、泥水匠、混凝土混合機操作員、油漆工、電工、水工，工地看守員，室內裝潢人員，汽車機車製造工人，金屬家具製造工人，電視電影業電工、機械工，咖啡廳、茶室、酒家、樂戶、舞廳工作人員，警衛人員，交通警察。

(接下頁)

（承上頁）

第五類	森林砍伐業領班、監工，水泥業採掘工，計程車司機，鐵路修路工、維護工，一般船員，建築公司鋼骨結構工人、鷹架架設工、焊工，造修船工人，橋樑工程人員，鋼鐵廠工人，廣告招牌架設人員，武打演員，海水浴場救生員，動物園飼養人員，液化瓦斯分裝工，高樓外部清潔工，刑警。
第六類	森林砍伐、鋸木工人，森林運材車輛之司機及押運人員，營業用貨車司機、隨車捆工，救難船員，民航機飛行人員、機上服務人員，隨車工作人員，礦業、採石業海上作業人員。

【表2-2】意外傷害保險費率表

職業分類	年繳費率 （保額每萬元）	費率比
第一類	14.4	1
第二類	18.0	1.25
第三類	21.6	1.5
第四類	32.4	2.25
第五類	50.4	3.5
第六類	64.8	4.5

【表2-3】高齡投保限額及加費表

年齡	最高限額 （萬元）	加費標準
66～70	1,000	超過300萬元部分加費15%
71～75	500	超過250萬元部分加費25%
76～80	300	超過200萬元部分加費40%

第三節　意外傷害保險之給付

　　意外傷害使被保險人導致了失去工作能力之收入損失，以及醫療費用之開支，甚至被保險人因而死亡或殘廢，因此意外傷害保險之保險給付可分為醫療給付、殘廢給付及死亡給付三種。其內容為：

一、意外傷害醫療給付

　　當被保險人在本保險契約有效期間內遭遇所承保危險事故致成之意外傷害時，且以此意外傷害事故為直接且單獨原因，而自意外傷害事故發生之日起一百八十日以內，保險人依所約定之金額，給付保險金。此項保險金之給付係包括實際醫療給付及住院津貼。前項乃就被保險人必須且合理之實際醫療費用，給付醫療保險金，但每次給付總額不得超過保險單所記載之「每次傷害醫療保險金限額」。後者乃指被保險人因意外傷害經公立或保險人指定的醫院及診所住院治療者，由保險人按其住院日數給付保險單所記載的「傷害醫療保險金日額」，但每次傷害給付日數不得超過九十日。此外，如被保險人因傷害骨折未住院治療者，保險人可依下列骨折別所定日數乘「醫療保險金日額」的二分之一給付。

【表2-4】意外傷害骨折保險金給付表

項　目	給付日數	項　目	給付日數
1.鼻骨、眶骨	十四日	11.骨盤(包括腸骨、恥骨、坐骨、薦骨)	四十日
2.掌骨、指骨	十四日	12.頭蓋骨	五十日
3.蹠骨、趾骨	十四日	13.臂骨	四十日
4.下顎(齒槽醫療除外)	二十日	14.橈骨與尺骨	四十日
5.肋骨	二十日	15.腕骨（一手或雙手）	四十日
6.鎖骨	二十八日	16.脛骨或腓骨	四十日
7.橈骨或尺骨	二十八日	17.踝骨（一足或雙足）	四十日
8.膝蓋骨	二十八日	18.股骨	五十日
9.肩胛骨	三十四日	19.脛骨及腓骨	五十日
10.椎骨(包括胸椎、腰椎及尾骨)	四十日	20.大腿骨頭	六十日

附註：
1.上列所稱骨折是指骨骼完全折斷而言。
2.如係不完全骨折按所訂標準二分之一給付。
3.如蒙受同時上列二項以上骨折時，僅給付一項較高的醫療保險。

二、殘廢給付

　　意外傷害保險之殘廢給付，係依保險業者所訂出之殘廢等級給付分別不同比例之保險金，其殘廢程度與保險金給付表如表2-5,唯此項給付須自意外傷害事故發生之日起一百八十日以內所成者爲限。又若被保險人因同一意外事故造成表列兩項以上殘廢之程度時，由保險人給付各該項殘廢保險金之和，但最高以保險金額爲限。

【表2-5】殘廢程度與保險金給付表

等級	項別	殘廢程度	給付比例
第一級	一	雙目失明者	100％
	二	兩手腕關節缺失或兩足踝關節缺失者	
	三	一手腕關節及一足踝關節缺失者	
	四	一目失明及一手腕關節缺失或一目失明及一足踝關節缺失者	
	五	永久喪失言語或咀嚼機能者	
	六	四肢機能永久完全喪失者	
	七	中樞神經系統機能或胸、腹部臟器機能極度障害，終身不能從事任何工作，爲維持生命必要之日常生活活動，全須他人扶助者	
第二級	八	兩上肢、或兩下肢、或一上一下肢，各有三大關節中之兩關節以上機能永久完全喪失者	75％
	九	十手指缺失者	
第三級	十	一上肢腕關節以上缺失或一上肢三大關節全部機能永久完全喪失者	50％
	十一	一下肢踝關節以上缺失或一下肢三大關節全部機能永久完全喪失者	
	十二	十手指機能永久完全喪失者	
	十三	十足趾缺失者	
第四級	十四	兩耳聽力永久完全喪失者	30％
	十五	一目視力永久完全喪失者	
	十六	脊柱永久遺留顯著運動障礙者	
	十七	一上肢三大關節中之一大關節或兩關節之機能永久完全喪失者	
	十八	一下肢三大關節中之一大關節或兩關節之機能永久完全喪失者	
	十九	一下肢永久縮短五公分以上者	
	二十	一手含拇指及食指有四手指以上之缺失者	
	二一	十足趾機能永久完全喪失者	
	二二	一足五趾缺失者	

（接下頁）

(承上頁)

第五級	二三	一手拇指及食指缺失者，或含拇指或食指有三手指以上缺失者	15%
	二四	一手含拇指及食指有三手指以上之機能永久完全喪失者	
	二五	一足五趾機能永久完全喪失者	
	二六	鼻缺損，且機能永久遺留顯著障礙者	
第六級	二七	一手拇指及食指缺失者，或中指、無名指、小指中有二指以上缺失者	10%
	二八	一手拇指及食指機能永久完全喪失者	

註：1.失明的認定
　　(1)視力的測定，依據萬國式視力表，兩眼各別依矯正視力測定之。
　　(2)失明係指視力永久在萬國式視力表〇・〇二以下而言。
　　(3)以自傷害日起經六個月的治療爲判定原則，但眼球摘出等明顯無法復原之情況，不在此限。
　　2.言語機能的喪失係指下列三種情形之一者：
　　(1)指構成語言之口唇音、齒舌音、口蓋音、喉頭音等之四種語言機能中，有三種以上不能發出者。
　　(2)聲帶全部剔除者。
　　(3)因腦部中樞神經的損傷而患失語症者。
　　3.咀嚼機能的喪失係指由於牙齒以外之原因所引起之機能障礙，以致不能做咀嚼運動，除流質食物以外不能攝取之狀態。
　　4.爲維持生命必要之日常生活活動，全須他人扶助者係指食物攝取、大小便始末、穿脫衣服、起居、步行、入浴等，皆不能自己爲之，經常需要他人加以扶助之狀態。
　　5.關節機能的喪失係指關節永久完全僵硬或關節不能隨意識活動而言。
　　6.(1)手指缺失係指近位指節間關節（拇指則爲指節間關節）缺失者。
　　(2)若經接指手術後機能仍永久完全喪失者，視爲缺失。足趾亦同。
　　(3)截取拇趾接合於拇指時，若拇指原本之缺失已符合殘廢標準，接合後機能完全正常，拇指之部分仍視爲缺失，而拇趾之自截部分不予計入。
　　7.手指機能永久完全喪失，係指自遠位指節關節缺失，或自近位指節間關節永久完全僵硬或關節不能隨意識活動而言。

(接下頁)

（承上頁）

8. 足趾缺失係指自蹠趾關節切斷而足趾全部缺失者。
9. 聽力喪失的認定
　(1)聽力的測定，依中華民國工業規格標準的聽力測定器為之。
　(2)聽力永久完全喪失係指周波數在五〇〇、一〇〇〇、二〇〇〇、四〇〇〇赫（hertz）時的聽力喪失程度分別 a、b、c、d dB（強音單位）時，其 $(a+2b+2c+d)$ 之六分之一的值在 80dB 以上（相當接於耳殼而不能聽懂大聲語言）且無復原希望者。
10. 脊柱顯著運動障礙係指脊柱完全強直，或在於胸椎以下前後屈、左右屈及左右迴旋三種的運動之中，二種的運動被限制在生理範圍二分之一以下者。
11. 鼻部殘廢的認定
　(1)鼻缺損指鼻軟骨二分之一以上缺損的情況。
　(2)機能永久遺留顯著障礙係指兩側鼻子呼吸困難或嗅覺永久完全喪失而言。
12. 所謂機能永久完全喪失係指經六個月以後其機能仍完全喪失者。

三、死亡給付

　　死亡保險金之給付乃當此意外傷害之直接結果自事故發生之日起一百八十日以內死亡時，由保險人依保險金額支付死亡保險金給受領人（若無死亡保險金受領人之指定時，則被保險人之法定繼承人）。由於意外傷害致死之賠償責任之認定乃在死亡係事故直接之原因，為期使原因鑑定明確，故有一百八十日之限制。除此之外，如被保險人行方不明失蹤時，在戶籍登記失蹤之日起滿一年仍未尋獲，而要保人、受益人能提出文件足以認為被保險人極可能因保險契約所約定之意外傷害事故而死亡者，可由保險人先行墊付保險金，但若被保險人於日後發現生還時，應將該筆已領之死亡保險金於一個月內歸還給保險人。

　　前列各項意外傷害保險之給付，其請求權之時效自請求之日起經過二年不行使而消滅。又被保險人可以在訂立保險契約後保險事故發生前，得指定或變更死亡保險金之受益人，如未指定受益人，其保險金額可視為被保險人的遺產。然殘廢保險金及傷害醫療保險金之受益人為被保險人本人，不得變更。

　　另外，在意外傷害保險中，如有適合於免責危險時（絕對的免責、相對的免責），無效，違反告知義務、通知義務之情形時，不予給付保險金。其情形有：

一、免責之危險

　　㈠絕對的免責，即絕對不保項目，當被保險人直接因下列事由所致死亡、殘廢或傷害時，保險人不負責任。

　　1.細菌傳染病，但因意外傷害所引起的化膿性傳染病不在此限。

　　2.要保人、被保險人、受益人的故意行為。

　　3.被保險人之故意自殺（包括自殺未遂）。

　　4.被保險人犯罪行為。

　　5.被保險人心神喪失所致事故。

　　6.被保險人因麻醉、酗酒所致事故。

　　7.被保險人流產或分娩。但因遭遇意外傷害事故所致者不在此限。

　　8.戰爭(不論宣戰與否)、內亂及其他類似的武裝變亂。但契約另有約定者不在此限。

　　9.因藥物過敏或其他醫療所致者。

　　10.因原子或核子能裝置所引起的爆炸、灼熱、輻射或污染。

　　㈡相對的免責，又稱相對不保項目，即除契約另有約定外，

保險人不負給付責任。

　　1.被保險人從事潛水、滑水、滑雪、駕駛滑翔機具及跳傘期間。

　　2.被保險人從事角力、摔跤、柔道、空手道、跆拳道、馬術、拳擊、特技表演等運動期間。

　　3.被保險人從事汽車、機車及自由車等的競賽或表演期間。

二、無效之情形

　　當訂立意外傷害保險契約時，要保人、被保險人、受益人對該保險契約的訂立有詐欺行為及要保人或被保險人已知保險事故發生者，契約即無效，保險人也不退還所收受保險費。

三、違反告知義務

　　即要保人或被保險人對於保險人書面詢問應據實說明，如有故意隱匿、過失遺漏或為不實的說明而足以變更或減少保險人對危險之估計者，保險人得解除該契約，且不退還已收保險費，縱使保險事故發生後亦相同。但該項解除權自知有解除原因後三十日不行使而消滅，且保險人應將該解除事項通知要保人、被保險人或受益人。

四、違反通知義務

　　在意外傷害保險契約訂立後，有下列二個事項時，要保人或被保險人應立即向保險人通知其實情，並依規定履行通知之義務。

　　㈠被保險人之職業或職務變更時，須通知保險人。依其危險之增減，由保險人加收或退還其未滿期保費。但如其所變更之職業或職務在保險人拒保範圍內，保險人接到通知後得終止契約，但須按日計算退回未滿期保費。如其職業變更、危險增加而未為通知者，保險人按其原收保險費與應收保險費的比率折算保險金

給付。但被保險人所變更的職業或職務在保險人拒保範圍內，概不負給付保險金責任。

　　㈡保險事故發生通知之義務，即要保人、被保險人或受益人應於所約定意外傷害事故發生後儘速將事故狀況及被保險人的傷害程度，以書面通知保險人。

本章摘要

　　意外傷害保險主要在於補償保險人，由於意外災害造成所得能力與生活機能之減失或減少以及醫療費用之支出，故其兼有人身保險與損害保險之特性。

　　意外傷害保險所承保事故是指「外來突發之意外傷害」，而此項事故須具備有急劇性、偶然性、直接結果及須有體傷等條件方得構成。

　　意外傷害保險在費率之考慮方面，除了殘疾率、利率及費用率外，並與被保險人之職業、職務有關，故依其所從事工作之不同，而有不同分類標準之保險費。至於在給付方面，係分為醫療、殘廢及死亡等三項給付，每項給付均有給付條件之限制。

　　在行使保險給付請求權時亦有時效之規定，並且當要保人或被保險人如有違反告知義務，保險人得不予給付保險金，換言之，保險人得有免責之規定。

本章習題

一、請依意外傷害保險之特性予以說明其歸屬。

二、意外傷害保險之保險事故要件爲何，請詳加說明之。

三、試述職業分類與意外傷害保險費率分類之相關性。

四、保險人在何種情形下有免責之權益?

五、請分別說明意外傷害保險之要保人或被保險人違反告知及通
知義務之內容與權力。

第三章　職業意外傷害保險

第一節　職業意外傷害與工業安全

　　職業意外傷害是隨工業革命後工廠制度興起而來的。在手工業時代，偶爾會發生意外事故，但其情形不甚嚴重。但自從大規模使用機器來作為生產工具後，由於新技術不斷的革新，經常產生危險性的工業環境，稍有不慎即易發生傷害，以致形成嚴重的工業安全問題。

　　所謂職業意外傷害，乃指勞工就業場所之建築物、設備、原料、材料、化學物品、氣體、蒸氣、熱度、粉塵等物體或作業活動，而致勞工遭到意外傷害、殘廢或死亡之情形。根據我國行政院勞工委員會的分類，職業意外傷害可分為下列二十三類：

編號	分類項目	説明
1.	墜落、滾落	指人體從樹木、建築物、施工架、機械、車輛、梯子、樓梯、斜面等墜落而言，包括所乘坐之場所崩壞搖動而墜落之情況及碗狀砂坑埋沒之情況，並包括與車輛系機械一起墜落之情況，但交通事故除外，因感電而墜落時歸類於感電。
2.	跌倒	指人體在近於同一平面上跌倒而言。即因絆跤或滑溜而跌倒之情況之稱。包括與車輛系機械一起跌倒之情況，交通事故除外。因感電而跌倒時，歸類於感電。
3.	衝撞	指除墜落、滾落、跌倒外，以人體爲主體碰撞靜止物或動態物體而言，及人體碰撞吊舉物、機械之一部分崩塌之情況之謂，包括與車輛系機械一起碰撞之情況。交通事故除外。
4.	物體飛落	指以飛來物、落下物等主體碰撞人體之情況而言，包括研磨砂輪破裂、切斷片、切削粉等之飛來及包含自己所提攜物體掉落腳上之情況之謂，起因於容器之破裂時，歸類於破裂。
5.	物體倒塌、崩塌	指堆積物(包括積垛)、施工架、建築物等崩塌倒塌而碰撞人體之情況而言，包含豎立物體倒下之情況及落磐、崩雪、地表滑落之情況。
6.	被撞	指除飛來物、落下、崩塌、倒塌外，以物體爲主碰撞人體之情況而言，交通事故除外。

(接下頁)

(承上頁)

7.	被夾、被捲	指被物體夾入狀態及被捲入狀態而被擠壓、捺挫之情況而言，起因於沖床模型、鍛造機槌等之挫傷等歸於本類型，包含被壓輾之情況。交通事故除外。
8.	被切、割、擦傷	指被擦傷的情況及被擦的狀態而被切割等之情況而言，包含刀傷、使用工具中因物體之割傷、擦傷之情況。
9.	踩踏（踏穿）	指踏穿鐵釘、金屬片之情況而言。包含踏穿地板、石棉瓦之情況。踏穿而墜落時歸於墜落。
10.	溺斃	包含墜落水中而溺斃之情況。
11.	與高溫、低溫之接觸	指與高溫或低溫物體接觸而言。包含暴露於高溫或低溫之環境下之情況。 （高溫之情況）指與火焰、電弧、熔融狀態之金屬、開水、水蒸氣等接觸之情況而言。包含爐前作業中暑病等暴露於高溫環境下之情況。 （低溫之情況）包含暴露於冷凍庫內等低溫環境下之情況。
12.	與有害物等之接觸	包含起因於被暴露於輻射線、有害光線之障害、一氧化碳中毒、缺氧症及暴露於高氣壓、低氣壓等有害環境下之情況。
13.	感電	指接觸帶電體或因通電而人體受衝擊之情況而言 （與媒介物之關係）以金屬護蓋、金屬材料為媒體而感電之情況之媒介物、歸類於此等物體所接觸之各該設備、機械設置。

(接下頁)

(承上頁)

14.	爆炸	指壓力之急激發生或開放之結果，帶有爆音而引起膨脹之情況而言。破裂除外。包含水蒸氣爆炸。在容器、裝置等內部爆炸之情況，容器、裝置等本身破裂時亦歸於本類。 （與媒介物之關係）在容器、裝置等內部爆炸時之媒介物，應歸類於各該容器、裝置等。自容器、裝置等取出內容物或在洩漏狀態而各該物質爆炸之情況之媒介物不歸類於各該容器、裝置而應歸類於各該內容物。
15.	物體破裂	指容器、裝置因物理的壓力而破裂之情況而言，包括壓壞在內。研磨機砂輪破裂等機械的破裂之情況應歸類於物體飛落。 （與媒介物之關係）媒介物計有鍋爐、壓力容器、鋼瓶、化學設備等
16.	火災	（與媒介物之關係）在危險物品之火災時以危險物品為媒介物，在危險物品以外之情況以作為火源之物品為媒介物。
17.	不當動作	指不歸類於上述之情況，舉重而扭腰等起因於身體動作不自然姿勢，動作之反彈，引起扭腰、撚挫、及形成類似狀態而言。失去平衡而墜落、攜帶物品過重而滾落時雖與不當動作有關，亦應歸類墜落、滾落。
18.	其他	指不能歸類於上述任何一類的傷口化膿、破傷風等而言。
19.	不能歸類	指欠缺判斷資料而分類困難之情況而言。
20.	公路交通事故	交通事故中指適用公路交通法規之情況而言。

(接下頁)

(承上頁)

21.	鐵路交通事故	交通事故中指由公共運輸列車、電車等引起事故而言。
22.	船舶、飛機交通事故	交通事故中指由船舶、飛機等引起事故而言。
23.	其他交通事故	除公共運輸列車、電車等外，在事業單位工作場所內之交通事故應歸類於各該項目。

　　職業意外傷害事故之發生，不僅使機器設備損害，導致生產停頓，造成企業的成本損失。同時，勞工亦因此傷害所受之收入損失，亦會造成家庭生活甚至社會問題。根據我國所發表的統計，每年重大職業意外傷害約有三百件左右，勞工保險機構及職業傷害之事業單位給予死者家屬的死亡給付及撫卹金以民國七十六年計算，高達新臺幣二億二千七百六十六萬一千二百元。尚不包括輕、重傷勞工之醫療費用，其他相關人員的時間損失（如參與救助、調查、整理及復舊），物的損失（如建築物、設備、機械、器具、原料、物料及成品等），生產損失（如產量減少、品質低落、及恢復生產之費用等）。如果再將受傷害勞工及家屬情緒或精神之打擊，帶給社會不安及國家人力資源的損失等，均估計在內，實在是一種非常嚴重的後果。又根據國際勞工局於一九八三年出版之《意外災害預防》（*accident prevention*）一書中亦指出，全世界每年平均約有一千五百萬勞工因職業意外而受到傷害。足可顯示，職業意外傷害與工業安全之重要性。

第二節 職業意外傷害之補償與保險制度之濫觴

由於職業意外傷害對工業安全與一般作業勞工構成嚴重之威脅，因此各國政府無不對此項傷害之預防與善後處理分別訂定相關之工業安全與衛生法規，予以對策。

各國立法首推英國於一八四四年之工廠法，在該法第二十條規定：「兒童不得擦拭正在轉動中的機器」，一八七八年更對原工廠法加以修正，其中對於安全的規定更爲完備，例如規定機器的危險部分應裝置安全護網，發生災害後僱主應立即向工廠檢查員報告等。此外並在一八八一年制定僱主責任法（The Employers' Liability Act），明示僱主須負過失之意外傷害責任，唯受傷勞工須負舉證之責。旋至一八九五年又頒佈了工人賠償法（Workmen's Compensation Legislation），規定僱主對於因工傷亡之勞工，不論勞工有無疏忽，一律負有賠償責任，美國亦於一九〇三年頒佈工人賠償法，其特點亦爲只要勞工在工作場所受到職業意外傷害即可發給賠償金、醫藥費及部分工資。總之，英美兩國之工人賠償法加重了僱主對於安全的責任。

我國自民國十八年公佈工廠法後，陸續有礦場法、工廠檢查法、工廠法施行細則、工廠安全衛生檢查細則、礦場保安辦法、勞工安全衛生法、勞工保險條例及勞動基準法等，對於勞工安全衛生之保障及維護，可說相當週密。

勞工因職業意外傷害之補償問題，誠如前文所述，以過失原則之僱主責任法對於勞工請求傷害賠償時須舉證其傷害之發生係因僱主或其工作同伴的故意或過失所導致者爲其賠償要件，對於

勞工之權益乃有保障不足之處，蓋受傷勞工此時急需傷害救助或其眷屬急需死亡撫卹之際，焉能再去搜集各項資料，舉證僱主過失而作法院抗辯之行為呢？但採無過失原則之工人賠償法裡，由於民智漸開，一般受僱勞工求償意識高漲，故賠償案件遞增，賠償金額常為龐大數字，對僱主而言，形成重大經濟與企業社會責任負擔，引起僱主之不安與減低其投資意願，並往往使工廠不勝負荷而倒閉，對工商業之發展亦有不利之影響。

有鑑於此，為了保障勞工受職業意外傷害後的權益，除了各國政府無不以勞工安全衛生法規的強制規定來要求僱主為勞工投保社會保險中之勞工傷害補償保險（workers compensation insurance）外，僱主亦紛紛參加商業保險之僱主責任保險，以減輕其責任。在具體作法方面，前者，英國係以一九四八年生效之國民保險（工業傷害）法案（National Insurance Industrial Injuries Act），作為一般勞工職業意外傷害補償之社會保險，美國聯邦政府在一九○八年制定工人傷害補償保險，這是第一個普及全美的社會保險制度，並將公務員納入投保範圍，目前全美有五十五種工人傷害補償保險法案正在實施中，包括五十個州、哥倫比亞特區、波多黎各、維京島等之工人傷害補償保險外，另有兩種全國性工人傷害補償保險，其一為聯邦政府受僱人員，另一為全國碼頭工人。至於後者，英國雖然已實施國民保險（工業傷害）法案，但僱主之責任仍有其應擔當之處，故在一九六九年通過僱主責任強制保險法案（The Employers' Liability Compulsory Insurance）後，要求所有僱主對於受僱人應盡之責任均應投保。而在美國，雖在一八八五年於阿拉巴馬州首先通過僱主責任法（Employers' Liability Law），並於一八八六年開辦僱主責

任保險。但由於各州立法未盡完善，仍不足以保障勞工，迨至一九七〇年經由國會通過職業安全衛生法案（Occupational Safety and Health Act）後，方得以確保受僱人獲得安全與衛生之工作環境，並加重僱主之責任。

我國在有關勞工職業意外傷害補償方面，勞工可依勞動基準法及勞工保險條例之規定，向僱主及勞保機構請求補償。唯所謂「職業意外傷害」，乃勞工請求補償得以達成之要件，但由於意外傷害之情況甚為複雜，故僅能依勞工安全衛生法第二條所作原則性之規定，個案加以認定，形成共同遵循的實例。謹將業已認定之「職業意外傷害」案例，敘述於後，以供參考：

1.上下班時間應經途中發生事故而致之傷害，其非出於私人行為者。

2.於作業開始前，在等候中，因事業場所設施或管理之缺陷所發生之事故。

3.因作業之準備行為及收拾行為所發生之事故。

4.於作業終了後，經僱主核准利用事業場所設施，因設施之缺陷所發生之事故。

5.從飯廳或集合地點赴作業場所途中，或自作業現場返回事務所途中，因勞務管理上之必要或在僱主之支配監督下，為接受及返還作業器具，或受領工資等例行事務時，發生之事故。

6.從事之業務遭受天災事變之危險性較高或為搶救工作而發生者。

7.利用僱主為勞務管理所提供之附設設施，因設施之缺陷發生事故而致之傷害。

8.參加僱主舉辦之康樂活動或其他活動，因設施之缺陷發生

事故而致之傷害。

9.於作業中因事業場所設施之缺陷或在緊急情況下，所為有利於該事業之措施，發生事故而致之傷害。

10.於作業時間中斷中，用餐或休息，因事務場所設施或管理之缺陷發生事故而致之傷害。

11.於作業時間中基於生理要求,如廁所或飲水時發生事故而致之傷害。

12.從事有利於該事業之非其本分內之工作發生事故而致之傷害。

13.因公差由居住處所出發至公畢返家期間發生事故而致之傷害，其非出於私人行為者。

14.奉僱主之命參加體育活動或運動會發生事故而致之傷害。

15.由於業務關係，因第三人之行為發生事故而致之傷害。

16.因執行職務被動物加害發生事故而致之傷害。

17.於作業中，因工作當場促發疾病，而該項疾病與勞動有相當因果關係者。

18.在廠內工作時間，因其他工人操作不慎而引起意外傷害。

19.在工作時間內，基於生理上需要而離開工作(如去盥洗室或喝水等) 該期間所發生之傷害。

20.上下班騎機車，雖因自身不慎或機件故障損壞而受傷，在不違反法令情事者。

21.於上下班途中，以適當之交通工具往返，所發生之事故。

22.負責養路工作道班勞工，於執行工作中遭火車撞斃。

23.員工於上下班乘坐交通車,於必經途中發生車禍所造成之傷害。

第三節　僱主意外責任保險

　　僱主意外責任保險之保險標的，乃爲僱主對於受僱人，依法應負損害賠償責任，而受賠償請求時，由保險人負保險給付之責。因此，就此項保險之意義而言，其有兩種意義：

　　1.塡補意外事故發生時僱主對於受僱人在法律上應負之損害賠償責任，前節所及，各國法律均有規定僱主對於受僱人，因執行職務而引起之意外事故遭受體傷、殘廢或死亡時，須負支付賠償金給其本人或遺族之義務。故僱主爲免除其責任，通常除加強改善其工廠設備外，並藉著購買僱主意外責任保險來移轉其應負損害賠償責任之危險。

　　2.補充強制性工人補償保險之不足，蓋各國強制性社會保險所實施的工人補償保險，依據社會保險之保險技術性與社會扶助性之原則，通常旨在提供最基本收入之保障 (minimum floor of income protection)，故其給付額不會很高，往往不足以補償勞工之損失。勞工之損失就其從工人補償保險所得之給付外，可就其差額向僱主請求賠償，故僱主可以藉此僱主意外責任保險之給付以補充強制性工人補償保險之不足。且工人補償保險有時並未將所有受僱人均包括在內，因而，僱主也可以將此保險來承保上述不包括工人補償保險內之受僱人。

　　通常，在僱主意外責任保險中，僱主對於受僱人應負賠償責任之主要「責任」來源爲：

一、僱主本身之過失 (personal negligence of the employer)。

二、僱主未盡相當之注意以提供下列之工作環境：

㈠安全之工作場所（a safe place of work）。

㈡勝任工作之其他受僱人 （suitable and competent employees）。

㈢適當的設備、機械用具並其維護情況良好（proper plant, machinery and appliance and their maintenance in proper order）。

㈣安全之工作體系（a safe system of work）。

㈤適當之安全規則（suitable safe rules）。

三、違反政府各項有關工業安全衛生法令（for breach of statutory duty）

英國在一九四八年傷害保險才開始辦理僱主意外責任保險，而美國通常是與工人補償保險共同使用一張保單，乃因美國多數州並未將所有受僱人均涵括在工人補償法之範圍內，因此爲防範此等受僱人依民法（Common Law）之規定向僱主請求賠償，而僱主無法提供補償之缺失，故將此兩種保險合併於一保險單內。我國由於經濟繁榮、工商業進步，對於僱主意外責任保險之需求亦日殷，故在民國六十年，經財政部核准開辦此項保險，謹將其主要的內容概述如後以供參考：

一、承保範圍

㈠被保險人之受僱人在保險期間內因執行職務發生意外事故遭受體傷或死亡，依法應由被保險人負責賠償而受賠償請求時，本公司對被保險人負賠償之責。本公司依前項對被保險人所負之體傷賠償責任，除本保險單另有約定，以超過勞工保險條例、公務人員保險法或軍人保險條例之給付部分爲限。

㈡保險單所稱之「受僱人」係指在一定或不定之期限內，接

受被保險人給付之薪津工資而服勞務年滿十五歲之人而言。

二、不保事項

㈠受僱人之任何疾病或因疾病所致之死亡。

㈡受僱人之故意或非法行爲所致本身體傷或死亡。

㈢受僱人因受酒類或藥劑之影響所發生之體傷或死亡。

㈣被保險人之承包人或轉包人及該承包人或轉包人之受僱人之體傷或死亡，但本保險契約另有約定者不在此限。

㈤被保險人依勞動基準法規定之賠償責任。但本保險契約另有約定者不在此限。

三、承保對象

㈠甲類：官署、學校、金融業、公私企業、事務所、教堂、寺院。

㈡乙類：店鋪、診所、醫院、旅社、餐館、俱樂部、招待所。

㈢丙類：工廠、農場、林場、礦場、遊藝及娛樂場所。

四、承保標的

被保險人對其受僱人因執行職務而發生意外事故所致體傷或死亡，受賠償請求時，依法應負賠償之責任。

五、基本保險金額

㈠每一個人之體傷或死亡之保險金額爲新臺幣二萬五千元。

㈡每一意外事故體傷或死亡之保險金額爲新臺幣五萬元。

㈢保險期限內之保險金額爲新臺幣二十五萬元。

六、基本保險費

㈠甲類：每年新臺幣一千元。

㈡乙類：每年新臺幣二千元。

㈢丙類：每年新臺幣四千元。

七、保險金額之增加

　　㈠按基本保險金額增加百分之五十時，其保費按基本保險費加收百分之五十。

　　㈡按基本保險金額增加百分之一百時，其保費按基本保險費加收百分之九十。

　　㈢按基本保險金額增加百分之二百時，其保費按基本保險費加收百分之一百七十。

八、保險費之增加

　　承保對象遇有下列情事者，應按下列規定予以加費：

　　㈠受僱人數在三十人以上者，按基本保險費加收百分之十。

　　受僱人數在五十人以上者，按基本保險費加收百分之二十。

　　受僱人數在一百人以上者，按基本保險費加收百分之三十。

　　受僱人數在二百人以上者，按基本保險費加收百分之五十。

　　受僱人數在五百人以上者，按基本保險費加收百分之一百。

　　受僱人數在七百人以上者，按基本保險費加收百分之一百五十。

　　受僱人數在一千人以上者，按基本保險費加收百分之二百。

　　㈡經營或製造危險性貨物者（所稱危險性貨物，係指火險費率規章所規定之普通危險品及特別危險品而言），按基本保險費加收百分之五十。

九、保險期限

　　本保險契約之訂立，以一年為限。

十、短期費率

　　凡保險期限不足一年，或被保險人中途要求退保時，應按後列短期費率計收保險費：

一個月或以下者，按照全年保險費百分之十五。

一個月以上至二個月者，按照全年保險費百分之二十五。

二個月以上至三個月者，按照全年保險費百分之三十五。

三個月以上至四個月者，按照全年保險費百分之四十五。

四個月以上至五個月者，按照全年保險費百分之五十五。

五個月以上至六個月者，按照全年保險費百分之六十五。

六個月以上至七個月者，按照全年保險費百分之七十五。

七個月以上至八個月者，按照全年保險費百分之八十。

八個月以上至九個月者，按照全年保險費百分之八十五。

九個月以上至十個月者，按照全年保險費百分之九十。

十個月以上至十一個月者，按照全年保險費百分之九十五。

十一個月以上者，按照全年保險費百分之百。

十一、最低保險費

每張保險單之保險費，最低不得少於新臺幣一百元。

十二、理賠程序

當遇有保單所約定之保險事故發生時，其理賠原則為：

㈠應於四十八小時內以書面通知保險人。

㈡應檢具損失證明文件、診斷證明書、醫療費用明細收據、受僱人薪資證明、和解書或法院判決書等文件辦理申請理賠。

十三、其他

㈠當僱主之受僱人因執行職務發生意外事故所致體傷或死亡，依法應由僱主負責賠償而受賠償請求時，保險人得以僱主之名義進行和解，其有關訴訟費用及必要費用，保險人得視實際情形補償之。

㈡除必須之急救費用、醫藥費用及喪葬費用外，僱主未經保

險人同意即予承諾或給付者，保險人所負之責任以必要而相當部分爲限。若未經和解或法院裁判確定前，除上述費用外，保險人均得拒絕給付。

第四節　我國勞工職業意外傷害保險

工業革命改變了人類生活型態,社會結構也有了劇烈的變異。人口集中都市，農業社會逐漸解體，工業人口不斷增加，而勞力供需以及勞動者的就業、工資和工時、職業災害等，形成了複雜的社會問題，並隨社會愈趨工業化而嚴重，於是，以勞工集體安全爲中心的社會保險制度開始倡行。

社會保險制度由德國首相俾斯麥（Bismarck）所首創，其主要目的在於抑制馬克斯偏激荒謬社會主義之蔓延，藉以安定勞工情緒，西元一八八三年德國制定的「勞工疾病保險法」，是近代社會保險立法的嚆矢，其後逐漸演進，由德國完整的社會保險法典，擴大至美國倡行的社會安全制度，全世界目前有一百二十八個國家制定有關於社會安全法令，以解決勞工爲主體的社會問題。

我國憲法第一五五條規定，國家爲謀社會福利應實施社會保險制度，臺灣省政府遵照此項規定，於民國三十九年訂頒「臺灣省勞工保險辦法」，舉辦勞工保險，初期乃以廠礦事業僱用之產業工人爲保險對象。四十年公佈「臺灣省職業工人保險辦法」，以職業工人爲保險對象。開辦之初，保險業務由省政府委託臺灣人壽保險公司專設勞工保險部辦理，會計、財務及業務與該公司劃分，完全獨立；保險業務的設計、監督與考核，由省政府設置勞工保險管理委員會負責管理；財務及基金則設置勞工保險基金監理委

員會負責監理，並依照規定辦法採取逐步分期施行。民國四十二年又訂頒「臺灣省漁民保險辦法」，以專業漁民爲保險對象，其業務仍委由臺壽公司勞工保險部辦理，並設「漁民保險費備付金管理委員會」負責主管漁民保險費撥付事宜。四十五年七月起，旋復核准臺灣省蔗農服務社與臺灣人壽保險公司勞工保險部訂約辦理蔗農保險，其保險費由蔗農服務社負責繳納。民國四十七年七月中央訂頒「勞工保險條例」，由　總統明令公佈，其施行細則內政部於四十九年三月一日公佈，並由行政院指定在臺灣省實施，過去省頒之勞工保險單行法規悉予廢止，勞工保險業務完全按勞工保險條例規定辦理，而勞工保險管理機構亦加以改組，原臺灣人壽保險公司勞工保險部改組爲臺灣省勞工保險局，負責專辦勞工保險業務。民國五十四年政府機關及公立學校之技工，司機暨工友，奉准參加勞工保險。五十九年元月起，將前述人員及公司、行號及農、牧場僱用之員工，均納入強制保險。同時將新聞、文化、私立學校、公益合作事業、人民團體及百貨業商店專用員工納入任意保險。

民國六十八年二月，勞工保險條例修正實施後，政府機關、公立學校約聘、約僱人員、新聞、文化、公益及合作事業員工及政府登記有案之職業訓練機構受訓技工均納入強制保險，將規定以外勞工及私立學校之教職員納入任意保險範圍。除此之外，並自六十八年十二月起將原辦法的綜合保險費率分爲普通事故及職業災害兩類，以符保險費率公平原則。

至於勞工保險給付之種類，在本保險舉辦之初，僅有生育、傷害、殘廢、老年暨死亡給付五種，四十五年增加產業工人疾病給付一種，辦理住院診療，迨至四十九年全面實施。又自民國五

十九年元月起開始舉辦門診診療，而在六十八年二月修正勞保條例後，提高給付標準，增加給付項目，放寬給付條件，使勞工獲得更多之保障。

　　勞工保險是一種強制性之社會保險，依照現行勞保條例規定，年滿十五歲以上，六十歲以下之勞工，如合於規定均應以其僱主或所屬團體或機構為投保單位。全部參加勞工保險為被保險人，截至民國八十年十二月止，已經參加勞保之投保單位數共二十九萬四千八百零七個，被保險人數為七百二十八萬一千四百四十五人。

　　現行勞工保險之保險事故分為普通事故與職業災害事故兩大類，前項保險費率為被保險人之月投保薪資百分之六至百分之八，分別由僱主、被保險人或政府等方面負擔。至於後者之保險費率係按被保險人之職業災害適用行業別及費率表之規定辦理，全由僱主負擔。在對於職業意外傷害事故而言，其主要的給付內容有死亡、殘廢給付外，另有所得補償之傷病現金給付及醫療實物給付，謹將其各項給付內容分述於後：

一、基本原則

　　社會保險乃以保障國民適當最低生活（minimum standard of adequate living）為目的，勞工保險也為社會保險之範疇，因之，勞保給付非為個人創造財富，亦非直接增加個人所得，而是保障被保險人在保險事故發生後之基本需要，以維持其本人及其家屬最低生活水準。職是之故，勞保給付標準，應以國家財力、勞資負擔能力及保障被保險人經濟生活程度，縝密規劃，制定適當之標準。

二、死亡給付

勞工保險保險事故中所稱「死亡」，通常係指被保險人在勞動工作期間發生死亡而言，由於勞工的死亡，導致家庭生活費用之依賴中止，影響其家庭的經濟不安全，同時亦會使家庭產生相當的額外支出(諸如喪葬費、遺產稅等)。因此，爲保障受扶養遺屬的未來生活，我國現行勞保條例規定死亡給付之條件及標準爲：

㈠被保險人之父母、配偶或子女死亡者，得請領喪葬津貼。

㈡被保險人死亡，遺有配偶、子女及父母、祖父母或專受其扶養之孫子女及兄弟、姊妹者，得請領喪葬津貼及遺屬津貼。被保險人因工死亡者，由孫子女或兄弟、姊妹請領給付時，不受專受扶養的限制。

㈢被保險人死亡，如無上開受益人，其喪葬津貼得由負責埋葬的人請領。

㈣遺屬津貼受領順序如下：1.配偶及子女，2.父母，3.祖父母，4.孫子女，5.兄弟、姊妹。

㈤父母、子女，係指生身父母、養父母、婚生子女或已依法收養，並辦妥戶籍登記滿六個月的養子女而言。岳父、岳母、公公、婆婆不在其列。

給付標準：

被保險人因職業傷害或職業疾病死亡者,不論加入保險年數,一律發給遺屬津貼四十個月，另外喪葬津貼五個月，均以其月平均投保薪資支給。

三、殘廢給付

所謂殘廢給付係指勞工因身體上或心理上的損傷，使其遭遇永久全部或局部無法從事有酬勞動工作,而使收入減少或中斷時,所提供一特定限度的保險給付之謂。一般來說，殘廢的確定，必

須經由罹患傷害或疾病經治療終止後，仍無法恢復其身體健康，以致工作能力之損失為要件，因此，殘廢之給付，須依其工作能力或所得喪失情形來劃分其程度。我國勞工保險有關殘廢給付之規定為：

請領人資格：

被保險人因職業傷害或罹患職業病，經治療終止後，身體遺存障害適合殘廢給付標準表規定之項目，並經勞工保險局自設或特約醫院診斷審定為永久殘廢者，得請領殘廢補助費或殘廢補償費。

給付標準：

㈠被保險人因職業傷害或罹患職業病致殘廢者，依其殘廢程度一次發給補償費，最高為一千八百日，最低為四十五日。

㈡又被保險人領取職業傷病給付期滿，尚未痊癒，如身體遺存障害適合殘廢給付標準表規定之項目，並經保險人自設或特約醫院診斷為永久不能復原者，得比照前項規定辦理。

四、傷病給付

傷病給付包括傷害給付與疾病給付兩項，其係指被保險人因傷害或疾病，接受治療致無法從事工作時所發給的保險給付而言，它的目的主要在保障被保險人之生活安全，以促進其早日恢復勞動力。

現行我國勞工保險條例傷病給付之規定為：

被保險人因執行職務而致傷害或職業病，不能工作，以致未能取得原有薪資，正在治療中者，得自不能工作之第四日起，請領職業傷害補償費或職業病補償費。

給付標準：

職業傷害及職業病補償費，按被保險人平均月投保薪資百分之七十發給，每半個月給付一次，經過一年尚未痊癒者，減按半數發給，以一年爲限。

附註：傷病給付的功用是補助薪資性質，所以在傷病期間照領薪資的被保險人不能請領。

五、醫療給付

我國勞保之醫療給付，完全透過特約醫療醫院所爲被保險人提供門診或住院醫療服務，其診療報酬係採第三者支付方式，使被保險人不必擔憂費用的負擔，而影響其接受醫療的自由。茲就現行勞工保險之職業意外傷害醫療給付內容，扼要敍述於下：

㈠門診：

申請人資格：

被保險人罹患職業傷病，得向勞工保險局特約之門診醫療院所申請門診。

給付標準：

1.診察（包括檢驗及會診）。

2.藥劑或治療材料之給與。

3.處置、手術或治療。

4.前項費用，由被保險人自行負擔百分之十。但以不超過中央主管機關規定之最高負擔金額爲限。

㈡住院診療：

申請人資格：

被保險人於加保生效後，因職業傷害或職業病，經特約住診醫院診斷，必須住院診療者，得申請住院診療。

給付標準：

住院診療給付包括項目如下：

1.診察（包括檢驗及會診）。

2.藥劑或治療材料之給與。

3.處置、手術或治療。

4.膳食費用三十日內之半數。

5.勞保病房之供應，以公保病房為準。

6.前項一至三款及第五款費用，由被保險人自行負擔百分之五，但以不超過中央主管機關規定之最高負擔金額為限。

其他：

1.被保險人在住院期間，如經特約住診醫院醫師診斷，認為可以出院療養時，應即出院，如拒不出院，其繼續住院費用，由被保險人負擔。

2.住院及門診診療給付不包括：法定傳染病、精神病、痲瘋病、麻醉藥品嗜好症、接生、美容外科、義齒、義眼、眼鏡或其他附屬品之裝置、病人運輸、特別護士看護、輸血、掛號費、證件費、醫療院所無設備之診療，及前項未包括之項目。但被保險人因緊急傷病，經勞工保險局自設或特約醫療院所診斷必須輸血者，不在此限。

最後，在有關各項受領勞工保險給付之權利，自得領受之日起，經過二年不行使而消滅。又此項權利均不得讓與、抵銷、扣押或擔保，以保障勞工及其遺屬。

又所謂「平均工資」，依勞基法之規定，係指計算事由發生之當日前六個月內所得工資總額，除以該期間之總日數所得之金額。工作未滿六個月者，謂工作期間所得之工資總額，除以工作期間之總日數所得之金額。工資按工作日數、時數或論件計算者，其

依上述方式計算之平均工資，如少於該期內工資總額除以實際工作日數所得金額百分之六十者，以百分之六十計。

本章摘要

　　工業革命後隨工廠制度興起而來的，就是工業意外災害，再加上危險性之工業環境造成嚴重的工業安全問題，均使勞工極易受到職業傷害，因此各國政府無不對此項傷害之預防與善後之處理分別訂定相關之工業安全與衛生法規，予以對策，而職業意外傷害保險即因應而產生。其主要之功能有二，一為填補意外事故發生時僱主對於受僱人在法律上應負之賠償責任，另一為補充強制性工人補償保險之不足。

　　此項保險之賠償責任主要在於僱主本身須有過失，未盡相當之注意提供安全之工作場所及違反政府各項有關工業安全衛生法令之規定。

　　自從工業革命改變了人類生產之手段，也改變了社會結構，形成了複雜之社會問題，而以勞工集體安全為中心之社會保險制度開始倡行，此項保險起源於德國，其後逐漸演進擴及全世界，目前已有一百二十八個國家實施社會保險。

　　我國自民國三十九年開始辦理勞工保險至今，已有七百二十八萬一千四百四十五位被保險人，構成我國社會保險之主幹，尤其在職業意外傷害保險方面，由僱主負擔所有之職業災害保險費，更具有相互扶助性及所得重分配之社會正義功能。

本章習題

一、職業意外傷害保險制度之濫觴爲何？請說明之。

二、僱主意外責任保險之意義爲何？

三、請說明僱主意外責任保險之承保範圍及不保事項。

四、我國勞工保險之給付有那些？

五、我國勞工保險殘廢給付請領人之資格及其給付標準爲何？請分述之。

第四章　汽車保險

第一節　汽車保險之意義與種類

　　汽車係利用其本身產生的動力以推動前進之陸上交通工具，行駛範圍並不受軌道之限制。我國道路交通安全規則，曾就汽車作以下之定義：「汽車指在公路及市區道路上不依軌道或電力架線而以原動機行駛之車輛。」此一定義就汽車一般性所作之通義，故可包括所有行駛於道路上供運送之汽車在內。例如載客汽車、各種貨車、公共汽車，甚至摩托車等。

　　汽車因其分類標準之不同，可分為如下幾種汽車：

一、依其所使用之引擎種類而分，可分為

　　㈠汽油汽車

　　㈡柴油汽車

　　㈢液化石油氣汽車

　　㈣氣渦輪機汽車

　　㈤電動汽車

　　㈥蒸汽汽車

二、依汽車車型之大小為分類者，為

(一)大型車：指載重量在二公噸以上之大客、貨車及其他大型車輛均屬之。

(二)小型車：指載重量不滿二公噸之小客、貨車及其他小型車輛均屬之。

(三)機器脚踏車：凡二輪或三輪機器脚踏車均屬之。

三、依其使用性質之不同可分為下列各類：

(一)客車：

1.大客車：座位在十座以上之客車或座位在二十五座以上之幼童專用車。其座位之計算包括駕駛人、幼童管理人及營業上服務員在內。

2.小客車：座位在九座以下之客車或座位在二十四座以下之幼童專用車。其座位之計算包括駕駛人及幼童管理人在內。

(二)貨車：

1.大貨車：指總重量逾三千五百公斤之貨車。

2.小貨車：指總重量在三千五百公斤以下之貨車。

(三)客貨兩用車：

1.大客貨兩用車：總重量逾三千五百公斤,並核定載人座位,或全部座位在十座以上，並核定載重量之汽車。

2.小客貨兩用車：總重量在三千五百公斤以下，並核定載人座位及載重量，或全部座位在九座以下，而又核定載人座位及載重量之汽車。

(四)代用客車：

1.代用大客車：大貨車兼供代用客車者，為代用大客車，其載客人數包括駕駛人在內不得超過二十五人。

2.代用小客車：小貨車兼供代用客車者，為代用小客車，其

載客人數包括駕駛人在內不得超過九人。

　　(五)特種車：

　　1.大型特種車：總重量逾三千五百公斤，或全部座位在十座以上之特種車。

　　2.小型特種車：總重量在三千五百公斤以下，或全部座位在九座以下之特種車。

　　(六)機器腳踏車：

　　1.重型機器腳踏車：汽缸總排氣量逾五十立方公分之機器腳踏車。

　　2.輕型機器腳踏車：汽缸總排氣量在五十立方公分以下之機器腳踏車。

四、依其使用目的之不同分為下列二類：

　　(一)自用：機關、學校、團體、公司、行號或個人自用而非經營客貨運之車輛。

　　(二)營業：汽車運輸業以經營客貨運為目的之車輛。

　　大凡一種新的發明，帶給人類有利則必有弊，汽車的發明亦正是如此。汽車給人類之方便太多，且又合乎經濟原則，故汽車之生產一直蒸蒸日上，幾凌駕火車、電車、飛機及輪船等陸海空交通工具之上。如居世界開發國家中第一位的美國，人口約二億餘許，但擁有的汽車幾達一億多輛，即平均每一‧五人就有一輛汽車，可見汽車是隨著工商業之發達，有增無減，其對於人類生活也愈形重要，成為現代社會生活不可缺少之交通工具。

　　雖然汽車迅速的成長，帶給我們很多方便，但利之所在，弊亦隨之。其隨之而來的一種新興危險，即所謂汽車危險(automobile risks)，此種危險可分為無限危險及有限危險 (unlimited exposure and limited exposure)。

一、無限危險

　　即當汽車駕駛人駕駛汽車行駛於公路上時，常會遇到撞人或毀損財物之危險。此等危險或由於外在之因素，如天氣陰雨、風雪、路面崎嶇不平、行人不守交通規則，或由於汽車內在之因素，如機件破損、方向盤失靈，或由於駕駛人之因素，如駕駛疏忽、技術不佳等所造成，且此等之危險所造成之損失於事前無法估計與測定其程度的，故稱爲無限危險。

二、有限危險

　　即汽車於行駛中與他種汽車互撞，或撞上其他物體甚或於停止中被他車或他物撞擊，或汽車被竊，由於外在或內在發火燃燒、爆炸，甚或因地震、冰雹、洪水等而致使汽車本身毀損滅失之危險，因其危險所生之損失，常可先因汽車之價格而事先估計者，稱爲有限危險。

　　保險是集合多數具有同類危險的經濟單位，以公平合理的方法聚集基金，根據大多數法則，以損失分擔爲其基本的原理，而對危險所致的損害加以彌補或緩和，用以確保經濟安全、社會安定之一種制度。故保險的功能在於一種損失分擔的互助行爲，用以減輕損失者之損失。雖然近年來，不論道路交通設施如何完善，汽車肇禍仍屬難免，故爲期使其在此一時代所對社會貢獻之重要，及帶給人們之禍福，實在有督促其使用或占有汽車之人，購買汽車保險之重要與必需。

　　自工業革命後，陸上交通運輸工具之改進，首推火車，因此在財產保險中最早成立之有關交通事故之保險乃英國之鐵路乘客保險，其承保範圍始限於火車造成之意外事故。直至一八九三年

汽車發明後及一八九六年英國公路法案（The Locomotive of Highway Act）制定後，才有兩家規模甚小之公司從事汽車保險之經營。當第一次世界大戰時，汽車之用途大增，又因汽車製造業於歐戰結束後產量大增而促使陸上運輸極度擴張，汽車肇禍事故亦隨之增加數倍，故對汽車保險之需求也日益漸增。

我國保險業對於汽車保險，在大陸時早已辦理，抗戰勝利後，中央信託局於民國三十六年十月設立臺灣分局，於承保汽車之要保後，寄至總局核簽保險單。民國三十九年政府遷臺，中央信託局總局也隨之遷臺營業，原所經辦之汽車保險移由總局之產物保險處接辦，並直接承保。後因汽車數量日漸增多，汽車保險之需要日益增大，故由臺灣產物保險公司等參加汽車保險營業。迨至民國四十六年七月正式辦理汽車險，汽車保險之需求與必要性更愈重要，汽車保險業務也見迅速推展，呈現一片蓬勃氣象。

目前我國產險業所經營之汽車保險，依種類可分為：一、汽車綜合損失險，二、汽車竊盜損失險，三、汽車第三人責任險及四、各種附加險等，茲將各種保險之承保範圍與不保項目分述於後，以明梗概：

一、汽車綜合損失險

乃指承保被保險汽車，由於遭受承保範圍之事故致汽車本身毀損滅失，換言之即汽車車體之損害。

㈠承保範圍：

被保險汽車因碰撞、傾覆、火災、閃電、雷擊、爆炸、拋擲物、墜落物或第三者之非善意行為所致之毀損滅失，本公司對被保險人負賠償之責。

㈡不保項目：

1.被保險人因被保險汽車之毀損滅失所致之附帶損失包括貶值及不能使用之損失。

2.被保險汽車因窳舊、腐蝕、銹垢、鼠嚙、或自然耗損之毀損。

3.非因外來意外事故直接所致機件損壞、或電器及機械之故障。

4.置存於被保險汽車內之衣物、用品、工具、未固定裝置於車上之零件或配件之毀損滅失。

5.輪胎、備胎（包括內胎、外胎、鋼圈及輪帽）非與被保險汽車同時被竊所致之損失。

6.被保險汽車因載重逾量，或裝載貨物寬度高度超過規定或使用過度所致之毀損滅失。

7.被保險汽車被其他運輸工具運送或裝卸時，所發生之毀損滅失。

8.被保險汽車在租賃、出售、附條件買賣、出質、留置權等債務關係存續期間所發生之毀損滅失。但經本公司書面同意者，不在此限。

9.被保險汽車因颱風、地震、海嘯、冰雹、洪水或因雨積水所致之毀損滅失。

10.未經保險人許可或無照駕駛或越級駕駛之人,駕駛被保險汽車所致之毀損滅失。

11.受酒類或藥物影響之人，駕駛被保險汽車所致之毀損滅失。

12.從事犯罪或唆使犯罪或逃避合法逮捕之行為所致之毀損滅失。

13.被保險汽車因偷竊、搶奪、強盜所致之毀損滅失。

二、汽車竊盜損失險

係指承保被保險汽車因遭竊盜所致之毀損滅失，其亦是車損險之一種。

(一)承保範圍：

被保險汽車因偷竊、搶奪、強盜所致之毀損滅失，本公司對被保險人負賠償之責。

(二)不保事項：

下列事項，本公司不負賠償責任：

1.被保險人因被保險汽車之毀損滅失所致之附帶損失，包括貶值及不能使用之損失。

2.被保險汽車因窳舊、腐蝕、銹垢、鼠嚙、或自然耗損之毀損。

3.非因外來意外事故直接所致機件損壞、或電器及機械之故障。

4.置存於被保險汽車內之衣物、用品、工具、未固定裝置於車上之零件或配件之毀損滅失。

5.輪胎、備胎（包括內胎、外胎、鋼圈及輪帽）單獨毀損或受第三人之惡意破壞所致之毀損滅失。

6.裝置於被保險汽車之零件，配件非與被保險汽車同時被竊所致之損失。

7.被保險汽車在租賃、出售、附條件買賣、出質、留置權等債務關係存續期間所發生之毀損滅失。但經本公司書面同意者，不在此限。

8.被保險汽車因颱風、地震、海嘯、冰雹、洪水或因雨積水

所致之毀損滅失。

9.被保險汽車因被保險人之同居家屬、受僱人或被許可使用之人或管理之人等之竊盜、侵佔行為所致之毀損滅失。

三、汽車第三人責任險

乃指汽車因意外事故致第三人受有體傷或死亡，或使第三人之財產受有毀損滅失而須負賠償責任時，乃將此責任向保險公司購買保險，訂立保險契約，於被保險之危險發生時被保險人移轉其責任於保險人者。

㈠承保範圍：

1.傷害責任險：

被保險人因所有、使用或管理被保險汽車發生意外事故，致第三人死亡或受有體傷，依法應負賠償責任而受賠償請求時，本公司對被保險人負賠償之責。

2.財損責任險：

被保險人因所有、使用或管理被保險汽車發生意外事故，致第三人財物受有損害，依法應負賠償責任而受賠償請求時，本公司對被保險人負賠償之責。

㈡不保項目：

1.未經本公司書面同意，被保險人以契約或協議所承認或允諾之賠償責任。

2.因尚未裝載於被保險汽車或已自被保險汽車卸下之貨物所引起之任何賠償責任。但在被保險汽車裝貨卸貨時所發生者，不在此限。

3.被保險汽車除曳引車外，拖掛其他汽車期間所發生之賠償責任。但經本公司書面同意者，不在此限。

4.乘坐或上下被保險汽車之人死亡或受有體傷或其財物受有損失所致之賠償責任。

5.被保險人、使用或管理被保險汽車之人、駕駛被保險汽車之人、被保險人或駕駛人之同居家屬及其執行職務中之受僱人死亡或受有體傷所致之賠償責任。

6.被保險人、使用或管理被保險汽車之人、駕駛被保險汽車之人、被保險人或駕駛人之同居家屬及其執行職務中之受僱人所有、使用、租用、保管或管理之財物受有損害所致之賠償責任。

7.被保險汽車因其本身及其裝載之重量或震動，以致橋樑、道路或計量臺受有損害所致之賠償責任。

8.未經保險人許可或無照駕駛或越級駕駛之人，駕駛被保險汽車所致之賠償責任。

9.受酒類或藥物影響之人,駕駛被保險汽車所致之賠償責任。

10.從事犯罪或唆使犯罪或逃避合法逮捕之行為所致之賠償責任。

11.被保險汽車於修理期間,因汽車修理業之使用或管理所致之賠償責任。

四、各種附加險

汽車保險有關車損及責任兩大類的承保範圍之規範如上所述，但危險事故無窮，前列兩類所述者，僅就危險中較大且重要者予以說明，但尚有一些危險事故及損失，可以用附加險之方法，將其汽車保險之承保範圍擴大，謹將其各類附加險分述於下：

㈠汽車綜合損失險之附加險：

限定駕駛人特約險：茲經通知並雙方同意，本保險單所承保之自用小客車，限由被保險人及其配偶及被保險人之直系血親駕

駛，否則如發生汽車綜合損失險承保範圍內之損失時，保險人不負賠償責任。

㈡汽車竊盜損失險之附加險：

零件、配件被竊損失險：本保險對被保險汽車因汽車竊盜損失險條款中約定所稱之零件、配件非與被保險汽車同時被竊所致之毀損滅失，保險人依照汽車保險單汽車竊盜損失險有關條款之規定，負賠償責任。

㈢汽車第三人責任險之附加險：

1.酗酒駕車汽車第三人責任險：

本保險對被保險汽車因汽車第三人責任險條款約定，因受酒類或藥物影響之人駕駛被保險汽車發生意外事故，致第三人死亡或受有體傷或第三人財物受有損失，依法應由被保險人負賠償責任而受賠償請求時，保險人依照汽車保險單汽車第三人責任險有關條款之規定負賠償之責。

2.汽車第三人責任險附加醫藥費用：

本保險對汽車第三人責任險條款所約定之人，因被保險汽車發生意外事故，所致直接並即時受有體傷時，其必須支出之醫藥費用以不超過保險金額爲限，負賠償之責。

3.汽車乘客責任險：

本保險對被保險人因所有、使用或管理被保險汽車發生意外事故，致駕駛人及乘坐或上下被保險汽車之人死亡或受有體傷時，保險人依照本保險單汽車第三人責任險有關條款及保險金額負賠償之責。

4.汽車僱主責任險：

本保險對被保險人僱用之駕駛員及隨車服務人員，因被保險

汽車發生意外事故，受有體傷或死亡，依法應由被保險人負賠償
責任而受賠償請求時，負賠償之責。

第二節　汽車保險保單條款

現行汽車保險之保單共分爲共同條款、綜合損失險條款、竊
盜損失險條款及第三人責任險條款等四大部份，謹將其內容分述
於後：

一、共同條款

共計有二十一條。在此條款規範汽車保險契約之構成、承保
範圍與不保項目、自負額、告知義務、通知義務、保單權益、複
保險及代位求償權等一些與汽車保險各險種基本共同適用之條
款。其內容爲：

第一條　契約之構成

本保險單之條款、批註或批單以及本保險契約有關之要保書，
均係本保險契約之構成部分。

第二條　承保範圍

本保險契約之承保範圍經雙方就汽車綜合損失或汽車竊盜損失
或汽車第三人責任等分別訂立之。

第三條　自負額

本保險契約承保範圍內之任何一次損失，被保險人均須先負擔
本保險單所約定之自負額。本公司僅對超過自負額之損失部分
負賠償之責。被保險汽車重複保險時，按一個自負額計算。任
一事故同時發生汽車綜合損失險或汽車竊盜損失險或賠償責任
時，仍應分別扣除其自負額。

第四條　被保險汽車

本保險契約所稱「被保險汽車」除經特別載明者外，係指本保險契約所載之汽車或其附掛之拖車，包括必要且固定裝置於車上之零件及配件。本保險契約被保險汽車不祇一輛時，本公司對每一汽車，依照本保險契約個別負賠償之責，但被保險汽車附掛拖車者，於發生汽車綜合損失險或汽車竊盜損失險承保範圍內之毀損滅失時，被保險汽車與拖車視為個別之車輛；於發生汽車第三人責任險承保範圍內之賠償責任時，則視為一輛。

第五條　引擎變更

每一被保險汽車以一引擎為原則，同一牌照之車架不得輪用多具不同號碼之引擎，如有變更引擎情事，被保險人應檢附公路監理機關之證明，向本公司提出申請，並經本公司同意出立批單後，方屬有效。

第六條　要保人之說明義務

要保人、被保險人或其代理人於要保時，對所填之要保書及本公司之書面詢問，均應據實說明。如有故意隱匿，或因過失遺漏或作不實之說明，足以變更或減少本公司對危險之估計者，本公司得解除本保險契約，其危險發生後亦同。倘賠償金已給付時，得請求被保險人退還之。

第七條　保險費之交付

要保人應於本保險契約訂立時，向本公司所在地或指定地點交付保險費。交付保險費時應以本公司所掣發之收據為憑。未交付保險費者，本保險契約自起保之日起失其效力。

第八條　保險契約之終止

本保險契約如因被保險人之申請而終止者，其已滿期之保險費，

應按短期費率計算，並不得少於最低保險費之規定。如同一汽車仍由本公司另簽一年期保險單承保時，則本保險單之已滿期保險費按日數比例計算之。本公司亦得以五日爲期之書面通知，送達要保人最後所留之住址終止本保險契約，其已滿期之保險費按日數比例計算之。

第九條　暫停使用

被保險汽車因暫停使用或進廠駐修或失蹤期間，被保險人不得申請減費或延長保險期間。

第十條　不保事項

因下列事故所致之毀損滅失或賠償責任,本公司不負賠償之責。

　㈠因敵人侵略、外敵行爲、戰爭或類似戰爭之行爲（不論宣戰與否）、叛亂、內戰、軍事訓練，或演習或政府機關之徵用、充公、沒收、扣押或破壞所致者。

　㈡因核子反應、核子能輻射或放射性污染所致者。

　㈢因罷工、暴動或民衆騷擾所致者，但經本公司書面同意者不在此限。

　㈣被保險人或被保險汽車所有人、使用人、管理人或駕駛人之故意或唆使之行爲所致者。

　㈤被保險自用汽車因出租與人或作收受報酬載運乘客或貨物等類似行爲之使用所發生者。但使用性質之變更，經本公司書面同意者，不在此限。

　㈥被保險汽車因供教練開車或參加競賽或爲競賽開道或試驗效能或測驗速度而發生者。

第十一條　複保險

被保險汽車因意外事故發生毀損滅失或賠償責任時，如同一被

保險汽車訂有其他保險契約，不問其契約之訂立，由於被保險人或他人所為，本公司對該項毀損滅失或賠償責任，僅負比例分攤之責。但由於要保人或被保險人故意或意圖不當得利而為複保險者，本保險契約無效。

第十二條　保險單權益移轉

被保險汽車之行車執照業經過戶，而保險單在新行車執照生效日起，超過十日未申請權益移轉者，本公司不負賠償責任。但被保險人已向本公司申請保險單權益移轉，而行車執照尚未辦妥過戶者，仍予賠償，惟須俟辦妥新行車執照後，方得賠付。

被保險人死亡或被裁定破產者，被保險人之繼承人或破產管理人，應於九十日內以書面通知本公司辦理權益之移轉。倘未於上述期限內辦理者，本公司不負賠償責任。

第十三條　防範損失擴大義務

被保險汽車遇有毀損滅失或賠償責任時，不論是否屬於本保險契約承保範圍以內，被保險人均有防範維護之義務，倘被保險人未履行其義務，其因而擴大之損失概由被保險人自行負責。

第十四條　被保險人之協助義務

被保險汽車遇有毀損滅失或賠償責任時，被保險人應協助本公司處理，並提供本公司所要求之資料及文書證件。

第十五條　危險發生之通知義務

被保險汽車遇有本保險契約承保範圍內之毀損滅失或賠償責任時，被保險人應立即報請當地憲兵或警察機關處理，並於四十八小時內將發生事故之日時、地點、經過情形、損失情形、被害人有關資料、證人有關資料、憲警單位名稱及處所等，以書面通知本公司。倘確非因被保險人之故意或疏忽而未能於期限

內通知者，亦應檢具證明於五日內通知本公司。被保險人未依
上述規定辦理者，本公司不負賠償責任。

第十六條　被保險人之詐欺行為

被保險人或其代理人於請求賠償時，如有詐欺行為或提供虛偽
報告情事，本公司不負賠償責任。

本公司因此所受之損失，被保險人應負賠償責任。

第十七條　仲裁

本公司與被保險人對於被保險汽車毀損滅失之賠償金額發生爭
議時，得交付仲裁，其程序及費用等，依商務仲裁條例規定辦
理。

第十八條　代位求償

被保險人因本保險契約承保範圍內之損失而對於第三人有損失
賠償請求權者，本公司得於給付賠償金額後，於賠償金額範圍
內代位行使被保險人對於第三人之請求權。被保險人不得擅自
拋棄對第三人之求償權利或有任何不利於本公司行使該項權利
之行為，否則賠償金額雖已給付，本公司得請求被保險人退還
之。

第十九條　通知方法及契約變更

有關本保險契約之一切通知,被保險人均應以書面送達本公司。

本保險契約之任何變更，非經本公司簽批不生效力。

第二十條　時效

被保險人由本保險契約所生之權利，自得為請求之日起，經過
二年不行使而消滅。

第二十一條　適用範圍

本共同條款均適用於汽車綜合損失險、汽車竊盜損失險及汽車

第三人責任險。

二、綜合損失險條款

共計有八條。在此部分主要規範係對汽車車體本身之毀損滅失，保險人所承負之補償責任。並包括其實物或現金補償賠付方式，其內容爲：

第一條　承保範圍

被保險汽車因碰撞、傾覆、火災、閃電、雷擊、爆炸、抛棄物、墜落物或第三者之非善意行爲所致之毀損滅失，本公司對被保險人負賠償之責。

第二條　不保事項

下列事項，本公司不負賠償之責：

(一)被保險人因被保險汽車之毀損滅失所致之附帶損失包括貶值及不能使用之損失。

(二)被保險汽車因窳舊、腐蝕、銹垢、鼠嚙、或自然耗損之毀損。

(三)非因外來意外事故直接所致機件損壞、或電器及機械之故障。

(四)置存於被保險汽車內之衣物、用品、工具、未固定裝置於車上之零件或配件之毀損滅失。

(五)輪胎、備胎（包括內胎、外胎、鋼圈及輪帽）單獨毀損或受第三人之惡意破壞所致之毀損滅失。

(六)被保險汽車因載重逾量，或裝載貨物寬度高度超過規定或使用過度所致之毀損滅失。

(七)被保險汽車被其他運輸工具運送或裝卸時，所發生之毀損滅失。

(八)被保險汽車在租賃、出售、附條件買賣、出質、留置權等
債務關係存續期間所發生之毀損滅失。但經本公司書面同
意者，不在此限。

(九)被保險汽車因颱風、地震、海嘯、冰雹、洪水或因雨積水
所致之毀損滅失。

(十)未經被保險人許可或無照駕駛或越級駕駛之人，駕駛被保
險汽車所致之毀損滅失。

(士)受酒類或藥物影響之人，駕駛被保險汽車所致之毀損滅失。

(土)從事犯罪或唆使犯罪或逃避合法逮捕之行為所致之毀損滅
失。

(圭)被保險汽車因偷竊、搶奪、強盜所致之毀損滅失。

第三條　退保

被保險汽車在本保險契約有效期間內發生賠款達五次，而其累
計賠款金額超過原收保險費者，本公司得予以退保。

第四條　賠償方式

被保險汽車遇有本保險承保範圍內之毀損滅失時，本公司得選
擇對其全部或一部加以修復，或調換零配件，或現款賠償。但
不得超過本保險單所載被保險汽車之保險金額為限，並依下列
方式負賠償之責：

(一)毀損可以修復者，以修復至毀損發生前之狀況所需必要之
修理費用及必需調換之零件、配件及其合理之裝配費用為
限，任何額外費用包括加班費、趕工費、加急運費、空運
費、特別運費等，本公司不負賠償責任。

(二)前款所謂修復至毀損發生前之狀況，係指在合理可能範圍
內與原狀相似而言，並非指與原狀絲毫無異。

㈢必須更換之零件、配件概以新品為準，且不適用折舊比率
　分攤，如國內市場上無法購得時，本公司得以其他廠牌之
　零件、配件更換之。

第五條　修理勘估

被保險汽車之毀損滅失，在本公司勘估前，不得逕行修理，但
經被保險人通知後二十四小時內（假日順延）本公司未處理者，
不在此限。

第六條　全損等理賠折舊率

被保險汽車遇有承保範圍之毀損滅失，而其修理費用達保險金
額四分之三以上時，本公司按保險金額乘以下列賠償率後所得
之金額賠付之。

本保險年度經過月數	折舊率%		賠償率%	
	自用車	營業車	自用車	營業車
一個月或以下者	5	10	95	90
一個月以上至三個月者	10	15	90	85
三個月以上至六個月者	15	20	85	80
六個月以上至九個月者	20	25	80	75
九個月以上至十二個月者	25	30	75	70

第七條　車輛之報廢

被保險汽車遇有承保範圍內之毀損滅失而無法加以修復，或其
修理費用達保險金額四分之三以上時，被保險人應依規定向公
路監理機關辦理報廢繳銷牌照後，本公司始予賠付。

第八條　理賠申請

被保險人向本公司提出理賠申請時，應檢具下列文件：

㈠理賠申請書。

㈡汽車行車執照及駕駛執照影本。

㈢修車估價單。

㈣如有涉及代位求償者，加附肇事責任鑑定書及代位求償委任書。

㈤實際全損或推定全損者，加附監理機關報廢證明文件。

本公司於接到上列文件齊全後，十五天內賠付之。

三、竊盜損失險條款

共計有九條。在民國七十年以前我國之汽車保險單主要係將汽車車損險分為碰撞傾覆及綜合損失兩大類。在綜合損失險部分除承保包括火災、爆炸、第三人惡意行為所致之危險及竊盜等所致之損失，後因近年來，汽車之竊盜損失大增、損失率驟增，因此，產險業於民國七十四年五月一日起將竊盜險單獨從原來之汽車綜合損失險分開為單獨之保險，而將原有碰撞傾覆併於綜合損失險來承保，並且凡是竊盜損失須由被保險人負擔百分之二十之自負額，以加重被保人之注意，防止消極性道德危險之發生。有關竊盜損失險條款內容為：

第一條 承保範圍

被保險汽車因偷竊、搶奪、強盜所致之毀損滅失，本公司對被保險人負賠償之責。

第二條 自負額

被保險人於保險契約有效期間內，發生本保險承保範圍內之損失時，對於每一次損失，應負擔百分之二十之自負額。

第三條 全損理賠折舊率

被保險汽車發生實際全損，或其修理費用達該車保險金額四分

之三以上時，本公司先按保險金額乘以下列賠償率所得之金額再扣除百分之二十自負額後賠付之（賠償金額＝保險金額×賠償率×80%）。

本保險年度經過月數	折舊率%		賠償率%	
	自用車	營業車	自用車	營業車
一個月或以下者	5	10	95	90
一個月以上至三個月者	10	15	90	85
三個月以上至六個月者	15	20	85	80
六個月以上至九個月者	20	25	80	75
九個月以上至十二個月者	25	30	75	70

本公司賠付後，本保險及其特約保險之未滿期保費，不予返還。

第四條　不保事項

下列事項，本公司不負賠償責任：

㈠被保險人因被保險汽車之毀損滅失所致之附帶損失包括貶值及不能使用之損失。

㈡被保險汽車因竊舊、腐蝕、銹垢、鼠嚙、或自然耗損之毀損。

㈢非因外來意外事故直接所致機件損壞、或電器及機械之故障。

㈣置存於被保險汽車內之衣物、用品、工具、未固定裝置於車上之零件或配件之毀損滅失。

㈤輪胎、備胎（包括內胎、外胎、鋼圈及輪帽）非與被保險汽車同時被竊所致之損失。

㈥裝置於被保險汽車之零件、配件非與被保險汽車同時被竊

所致之損失。

㈦被保險汽車在租賃、出售、附條件買賣、出質、留置權等
　債務關係存續期間所發生之毀損滅失,但經本公司同意者,
　不在此限。

㈧被保險汽車因颱風、地震、海嘯、冰雹、洪水或因雨積水
　所致之毀損滅失。

㈨被保險汽車因被保險人之同居家屬、受僱人或被許可使用
　之人或管理之人等之竊盜、侵佔行爲所致之毀損滅失。

第五條　賠償方式

被保險汽車遇有本保險承保範圍內之毀損滅失時,　本公司得選
擇對其全部或一部加以修復,　或調換零配件,　或現款賠償。但
不得超過本保險單所載被保險汽車之保險金額爲限,　並依下列
方式負賠償之責。

㈠毀損可以修復者,　以修復至毀損發生前之狀況所需必要之
　修理費用及必需調換之零件、配件及其合理之裝配費用爲
　限,　任何額外費用包括加班費、趕工費、加急運費、空運
　費、特別運費等,　本公司不負賠償責任。

㈡前款所謂修復至毀損發生前之狀況,　係指在合理可能範圍
　內與原狀相似而言,　並非指與原狀絲毫無異。

㈢必須更換之零件、配件概以新品爲準,　且不適用折舊比率
　分攤,　如國內市場上無法購得時,　本公司得以其他廠牌之
　零件、配件更換之。

第六條　修理勘估

被保險汽車之毀損滅失,　在本公司勘估前,　不得逕行修理,　但
經被保險人通知後二十四小時內 (假日順延) 本公司未處理者,

不在此限。

第七條　理賠申請

被保險汽車遇有竊盜損失時，自被保險人通知本公司之日起，逾四十五天仍未尋獲者，被保險人應辦理牌照註銷手續，並將該車之一切權益及下列有關證件等移轉本公司後，本公司於十五日內賠付之：

㈠理賠申請書。

㈡警方之失竊證明書正本。

㈢汽車鑰匙。

㈣汽車出廠證。

㈤繳稅收據（牌照稅、燃料稅）。

㈥汽車註銷牌照登記申請書（須辦妥註銷手續）。

㈦汽車新領牌照登記申請書。

㈧汽車繳銷牌照登記申請書六份（須蓋妥車主印鑑章）。

㈨讓渡書兩份（須蓋妥車主印鑑章）。

㈩汽車過戶登記申請書六份（須蓋妥車主印鑑章）。

㈠保險單、保險卡。

㈡抵押貸款車輛向監理單位辦妥抵押註銷手續。

㈢車主身分證影本或公司營業執照影本。

㈣汽車補發牌照登記申請書六份（須蓋妥車主印鑑章）。

㈤汽車新領牌照空白登記申請書三份。

第八條　尋車費用

被保險汽車遇有竊盜損失時，被保險人除自願負擔外，擅自承諾或給付尋回原車之任何費用，本公司不負給付之義務。

第九條　失竊車之領回

被保險汽車遭受竊盜損失，賠付後經尋獲者，被保險人得於知悉後七日內領回被保險汽車並退還原領之賠償金額。逾期，本公司得逕行辦理標售尋回標的物，其所得之價款，本公司按自負額約定之比例攤還。被保險人倘於領取賠款後接到尋獲被竊盜汽車或零、配件之通知，應立即以書面通知本公司，並有協助領回之義務。

四、第三人責任險條款

　　共計有八條。此項條款乃承保使用被保險汽車發生意外事故，致第三人體傷、死亡或財損，被保險人依法應負之賠償責任，其條款內容為：

第一條　承保範圍

　　㈠傷害責任險

　　　　被保險人因所有、使用或管理被保險汽車發生意外事故，致第三人死亡或受有體傷，依法應負賠償責任而受賠償請求時，本公司對被保險人負賠償之責。

　　㈡財損責任險

　　　　被保險人因所有、使用或管理被保險汽車發生意外事故，致第三人財物受有損害，依法應負賠償責任而受賠償請求時，本公司對被保險人負賠償之責。

第二條　被保險人之定義

　　本保險所稱之「被保險人」，其意義應包括經被保險人許可使用或由法律上對被保險汽車之使用應負責任之人。

第三條　保險金額

　　㈠本保險單所載「每一個人」之保險金額係指在任何一次意外事故內，對每一個人傷害所負之最高賠償責任而言。如

同一次意外事故體傷或死亡不祇一人時，本公司之賠償責任以本保險單所載「每一意外事故」傷害保險金額爲限，並仍受「每一個人」保險金額之限制。

㈡保險單所載「每一意外事故財物損失」之保險金額，係指本公司對每一次意外事故所有財物損失之最高責任額而言。

第四條　不保事項

㈠未經本公司書面同意，被保險人以契約或協議所承認或允諾之賠償責任。

㈡因尙未裝載於被保險汽車或已自被保險汽車卸下之貨物所引起之任何賠償責任。但在被保險汽車裝貨卸貨時所發生者，不在此限。

㈢被保險汽車除曳引車外，拖掛其他汽車期間所發生之賠償責任。但經本公司書面同意者，不在此限。

㈣乘坐或上下被保險汽車之人死亡或受有體傷或其財物受有損失所致之賠償責任。

㈤被保險人、使用或管理被保險汽車之人、駕駛被保險汽車之人、被保險人或駕駛人之同居家屬及其執行職務中之受僱人死亡或受有體傷所致之賠償責任。

㈥被保險人、使用或管理被保險汽車之人、駕駛被保險汽車之人、被保險人或駕駛人之同居家屬及其執行職務中之受僱人所有、使用、租用、保管或管理之財物受有損害所致之賠償責任。

㈦被保險汽車因其本身及其裝載之重量或震動，以致橋樑、道路或計量臺受有損害所致之賠償責任。

㈧未經被保險人許可或無照駕駛或越級駕駛人，駕駛被保險
　汽車所致之賠償責任。

㈨受酒類或藥物影響之人，駕駛被保險汽車所致之賠償責任。

㈩從事犯罪或唆使犯罪或逃避合法逮捕之行爲所致之賠償責
　任。

㈡被保險汽車於修理期間，因汽車修理業之使用或管理所致
　之賠償責任。

第五條　承認、和解或賠償

　被保險人遇有本保險承保範圍內之賠償責任時，除第三人體傷
之急救費用外，被保險人對於第三人就其責任所爲之其他承認、
和解或賠償，未經本公司同意者，本公司不受拘束。

第六條　賠償責任之認定

　被保險人遇有本保險承保範圍內之賠償責任時，在未取得法院
判決書或本公司認可之和解書以前，本公司不予賠付。但經本
公司同意者，不在此限。

第七條　求償文件之處理

　被保險人於被請求賠償或被控訴時，應將收受之賠償請求書或
法院令文、傳票、訴狀或判決等影本，立即送交本公司。

第八條　代爲和解或抗辯

　被保險汽車在本保險契約有效期間內因意外事故致第三人受損
而應負賠償責任時，被保險人如受有賠償請求或被控訴，本公
司得應被保險人之要求，以其名義代爲進行和解或抗辯，其所
需費用由本公司負擔，被保險人有協助本公司處理之義務。本
公司以被保險人之名義代爲和解或抗辯時，倘可能達成之和解
金額超過保險單所載明的保險金額或被保險人不同意本公司所

代爲之和解或抗辯時，則本公司代爲和解或抗辯之義務即爲終了。

第三節　汽車保險之危險選擇與費率之釐訂

汽車保險業務之承保、核保(underwriting)爲其首要工作，亦即如何執行危險之選擇，爲使汽車保險之危險選擇有效進行，期使達成鑑別危險之優劣並使危險品質趨於齊一以穩健汽車保險之經營，因此，汽車保險之危險選擇須考慮下列因素：

1.製造年份：製造年份即所謂出廠年份，因汽車經常使用若干年後，其機件耗損至某種程度，非予換新，即難保持行車安全。故保險人應查明承保人該車之製造年份爲何年，距今滿若干年，作爲計算保費之依據。

2.要保車以往投保及賠款紀錄：要保車以往無投保紀錄者作爲新保，有投保紀錄者作爲續保；續保者在計算保費時須依據過去一年內發生賠款之紀錄，以作爲加（減）收保險費之參考。

3.載客或載貨量：每一汽車之行車執照上均記載有乘客人數或載貨量，藉以檢查有無超載情事。故車輛在要保時，應依據行車執照所載之噸位計算小型車或大型車之保費。如有乘客責任險及醫藥費用之附加險，則尤須依據載客人數計算保費。

4.購買日期及購價：此係說明要保車之來源及購買時價格，用爲訂約雙方議定保險金額之參考。

5.該車是否完好無損：如有一部分破損或缺少備件，應在要保前予以整修，否則承保公司得予拒絕承保。

6.該車在要保時曾否另向其他公司重複投保：如有，則應將

另家保險公司之保單號碼說明。

　　7.該車是否完全爲要保人自己所有：有無抵押款？如有，則應將債權人名稱說明，以備查證。

　　8.駕駛人之年齡（年齡較輕者易衝動開快車，年齡大者較穩重，不易違規），婚姻（結婚的人較有責任感，趨向穩健），性向（個性平實者較不易衝動違規），身體狀況（身體弱者，注意力較差或殘障者在使用機械方面較不靈活），違規記錄（常違規者自然較易出事），生活習慣（如喝酒）。

　　9.有無車庫或防盜設置，降低汽車損失發生之機率。

　　10.汽車維護狀況，維修狀況好者，車主較愛惜車，車子性能亦較好。

　　11.最重要者在接受要保之前應先勘驗車況，確定承保之前，車況良好，及參考其以往之肇事理賠紀錄。

　　保險費乃要保人交付保險人作爲負擔責任之對價，汽車保險之要保人應依契約之規定交付保險費，如不爲交付契約不生效力，保險人自不須負擔賠償任何損失之責任。

　　現行汽車保險之保險費率可分爲基本費率及增減費率兩種，前者採取分類計算法（classification rating），後者則採費率增減計算法（merit rating）。茲將其計算方法列述於后：

一、汽車綜合損失險保費之計算

　　㈠基本費率：

　　1.被保險汽車之重置價值×計算率

　　2.客貨兩用車輛，以二者間較高之保險費計收。

　　3.租賃小客車依據財政部專案核定之保險費計收。

　　4.重置價值：各種廠牌之被保險汽車之重置價值係由臺北市

產險同業公會委託中華徵信所調查各廠牌車價後送產險公會之汽車重置價值審查小組審查後再交各會員公司統一實施。

5.計算率係依車輛分類有無自負額及自負額分擔多寡而有所不同。

㈡增減費率：

1.廠牌加費：

⑴國產汽車不加費。

⑵日、韓廠牌汽車按基本保費加收百分之十。

⑶歐、美廠牌汽車按基本保費加收百分之二十。

⑷名貴及稀有廠牌汽車按基本保費加收百分之四十。

2.肇事加費：

⑴個別被保險汽車在過去一年內發生賠款，其金額或累計額超過該車汽車綜合損失險原收保險費者，於續保時，應按下列加費規定辦理：

凡發生賠款一次者，按基本保費加收百分之十。

凡發生賠款二次者，按基本保費加收百分之二十。

凡發生賠款三次者，按基本保費加收百分之三十。

凡發生賠款四次者，按基本保費加收百分之四十。

凡發生賠款五次或以上者，按基本保費加收百分之五十。

⑵享有多輛優待之被保險汽車車隊，在過去一年內，其汽車綜合損失險合計損失率超過百分之一百或以上者，按基本保費加收百分之十。

3.車齡減費：

⑴一年以上至二年者，按基本保費減收百分之五。

⑵二年以上至三年者，按基本保費減收百分之十。

⑶三年以上者，按基本保費減收百分之十五。

4.無賠款減費：

⑴個別被保險汽車於續保前一年或連續數年無賠款者，於續保時，應按下列減費規定辦理：滿一年者按基本保險費減收百分之二十。連續滿兩年者按基本保險費減收百分之三十五。連續滿三年或以上者，按基本保險費減收百分之五十。前項規定之無賠款減費，按每一車輛分別計算之。如被保險人更換新車啣接投保時，視爲同一車輛。

⑵享有多輛優待之被保險汽車車隊，在過去一年內，其汽車綜合損失率不及百分之五十者，按基本保費減收百分之十五。

二、汽車竊盜損失險保險費之計算

㈠基本費率：

1.基本保費＝保險金額×計算率

2.客貨兩用車輛以二者較高之保險費計收。

3.此項保險金額當新車第一年時,保險金額等於其重置價值，故計算基礎與綜合損失險相同，但自第二年續保時，其保險金額則依重置價值逐年遞減百分之二十五,保險金額即小於重置價值。

㈡增減費率：

廠牌加價如同汽車綜合損失險。

三、多輛優待

凡向保險人一次投保汽車輛數達多輛優待標準時，保險人得按基本保險費總額給予多輛優待，若係陸續投保該項標準時，僅就增加部分給予優待。多輛優待表如下：

險別	要保輛數	優待標準%
汽車綜合損失險	21～40	10
	41～70	15
	71～100	20
汽車竊盜損失險	101～200	25
	201或以上者	30

四、短期費率

　　如被保險汽車投保期間未滿一年者，其保險費依據下表所列之短期費率收取。

期間 ╲ 費率比	按全年保險費百分比（％）
一個月或以下者	15
一個月以上至二個月者	25
二個月以上至三個月者	35
三個月以上至四個月者	45
四個月以上至五個月者	55
五個月以上至六個月者	65
六個月以上至七個月者	75
七個月以上至八個月者	80
八個月以上至九個月者	85
九個月以上至十個月者	90
十個月以上至十一個月者	95
十一個月以上者	100

五、汽車第三人責任險保險費之計算

　　㈠強制第三人責任險基本保險部分：

基本費率:

依據民國八十一年新修訂之強制汽車第三人責任險條款規定,其保險金額為「每一個人之保險金額」為新臺幣三十萬元,「每一意外事故之保險金額」為新臺幣六十萬元。其基本保險費為:

1.保險期間為一年者:

(1)自用小客車:新臺幣一千零五十元。

(2)自用小貨車(含自用小客貨兩用車,自用小代用客車):新臺幣一千二百三十元。

(3)自用大客車:新臺幣一千七百五十元。

(4)自用大貨車(含自用大客貨兩用車,自用大代用客車):新臺幣三千二百二十元。

(5)自用小型特種車:新臺幣一千零二十元。

(6)自用大型特種車:新臺幣二千七百五十元。

(7)自用曳引車:新臺幣二萬五千七百九十二元。

2.保險期間為三年者:

(1)自用小客車新車第一次領牌者:新臺幣二千九百五十元。

(2)自用小客車新車保險期間超過一至三年者,其保險費另計。

(二)增加保險部分:

此項增加保險金額部分係為任意性投保,在舊制強制保額為新臺幣四萬元時,產險公司經營之任意性第三人責任險最高額為一百萬元(即每一個人傷害四十萬元,每一意外事故之傷害八十萬元,每一意外事故之財損二十萬元),現今為配合新制強制保額提高為六十萬元,在任意性增加保險金額部分已提高至一百六十萬元(其中每一個人傷害為七十萬元,每一意外事故傷害一百四

十萬元, 每一意外事故之財損爲二十萬元)。其保險費亦依產險同業公會所定之標準收取。

六、附加險保險費之計算

被保險汽車可依現行汽車保險附加險批單加保各項附加險, 其保險費之計算分別爲:

㈠限定駕駛人特約險:

此項特約附加險, 自用小客車汽車綜合損失險總保險費可以減收百分之十。

㈡零件、配件被竊損失險:

其保險費係依國產汽車按保險金額百分之〇‧三計算, 但不得低於一千元。進口汽車按保險金額百分之〇‧五計算, 但不得低於二千元。

㈢酗酒駕駛汽車第三人責任險:

本保險之保險費按汽車第三人責任險之保險費加收百分之二十。

㈣汽車第三人責任險附加醫藥費用險:

此項保險自用小車依保險金額百分之〇‧五計算, 自用大車、機器腳踏車依保險金額百分之一計算。

㈤汽車乘客責任險:

本保險之保險金額及費率之計算爲:

保險金額:

1.每一個人體傷新臺幣二萬元。

2.每一個人死亡新臺幣十萬元。

保險費:

1.自用小客車 (九位以下) 按每一個人保險費新臺幣二百元

整。

2.自用大客車（十位以上）按每一個人保險費新臺幣一百五十元整。

3.營業小客車（九位以下）按每一個人保險費新臺幣二百五十元整。

4.營業大客車（十位以上）按每一個人保險費新臺幣一百八十元整。

5.保險金額增加之保險費：

保險金額	每一個人體傷	2	4	6	8	10
	每一個人死亡	10	20	30	40	50
	計算率%	100	190	270	320	350

㈥汽車僱主責任險：

本保險對於每一個人保險費為自用小客車一百五十元整；自用大客車二百三十元整；營業小客貨車，自用大貨車、營業大客車為三百八十元整；營業大貨車、曳引車為七百元整；特種車比照自用貨車辦理。以上保險金額均為體傷新臺幣二萬元，死亡為十萬元。若保險金額提高，其保險費計算方式比照汽車乘客責任險辦理。

第四節　汽車保險之理賠

有危險才有保險，保險的基本技術就是危險的分散，也就是將個人的損失透過保險公司，而轉由社會上大多數人來分擔。所

以保險公司經營汽車保險時,當接獲被保險人損失發生之通知後,首先須研究損失是否屬承保範圍, 同時查明保險單當時是否尚有效力後, 再考慮損失之大小, 決定賠付方式與給付金額。在處理賠款時, 須迅速而合理, 若不迅速, 則將加重受損害者之負擔, 不合理則會影響保險業對保險之經營, 故務須有正確的理賠, 才能使保險業正常發展。在此所謂理賠, 即是理賠的理算, 正確的理賠, 一般是下列幾個因素來決定: 1.損失的原因, 2.賠償與否, 3.損失金額, 4.各公司之賠款分擔額 (如一張以上之保險單時)。汽車保險之理賠手續較爲複雜, 理賠人員除須熟諳保險單條款內容及理賠之進行程序外, 並須瞭解汽車之構造、駕駛常識, 以及修理估價等, 始可作適當之處理。因賠償之是否公平合理, 對汽車保險事業有重大之影響, 今就通常理賠進行程序, 分被保險人 (要保人) 及保險人兩方面言之:

一、被保險人 (要保人) 方面

　　㈠危險通知之義務:

　　被保險汽車出險時, 被保險人應立即報請當地憲警機關處理外, 並應在事故發生四十八小時內通知保險人。其主要目的, 爲使保險人迅速展開調查, 俾免因遲延而生變, 影響責任之確定, 故有通知時效之限制。若怠於通知, 除不可抗力之事故外, 不問是否故意, 即喪失一切權利。倘若係因保險人之疏忽而誤爲被保險人怠於通知者, 被保險人不受約束。至於通知之方法, 別無規定, 一般爲書面通知, 口頭上之通知亦無不可。

　　㈡危險施救之義務:

　　要保人或被保險人對於發生事故之標的物 (指被保險汽車) 應儘盡保護之責任。更應在合理可能的情形下, 避免或減輕損害

的發生，不得故意不作為，而侵害保險人消極之利益，否則保險人不負擔賠償之責。至於履行此種義務，所生之費用，應由保險人負償還之責。

㈢保持現場之義務：

即汽車保險之要保人或被保險人須保持事故之現場。如現場有變更不僅影響估計之準確性，且極易使被保險人隱藏實際損害情形，而致保險人受到損失。但如為保持現場而妨礙交通，則被保險人仍得變更現場，因係為公共利益而權宜的處置。

㈣提供損失清單之義務：

被保險人當出險時，除應立即通知保險人外，並應於約定期限內，向保險人提出損失清單，但須注意者，各項財物損失之估計，應以發生事故之當時市價估計之，不得將任何之利益計算在內，並在保險人勘估前，不得逕行修理。

㈤提交各種有關文件之義務：

被保險人不得任意拒絕保險人所提繳納有關文件之合理要求。而各項文件取得所生之費用，亦由被保險人自行負擔。通常保險人所要求之文件為：

1.當地警局證明肇禍原因之文件。

2.營業小客車成本與現值清單。

3.殘餘物之清單。

4.施救損失費用清單。

5.各項有關文件資料。

6.肇事現場之照片或備忘錄等文件。

㈥理賠申請書：

此項理賠申請書須記載下列事項：

1.保險單號碼及保險證（卡）號碼。

2.被保險人名稱。

3.被保險汽車之保險金額、保險種類、車輛種類、製造年份、原始發照年月、廠牌型式、引擎號碼、牌照號碼等。

4.駕駛人姓名、住址、年齡、已未婚、駕照號碼、駕駛年資、電話號碼、與被保險人之關係等。

5.出險時間、地點。

6.出險原因及經過情形。

7.被保險汽車損失情形及估價。

8.對方財物之所有人、名稱、種類、損壞情形（對方財物若亦為車輛，則應記載車主、牌照號碼、電話號碼、對方投保之保險公司、保單號碼、保卡號碼及存放處所）。

9.乘客、第三人或司機等受傷者之姓名、性別及受傷情形，就醫醫院之名稱、地址。

10.處理本案之憲警單位名稱、經辦警員姓名與電話。

11.被保險人簽章、填報日期。

二、保險人方面

㈠確定賠償責任：

汽車損害發生後，首應調查及確定其本身是否應負責任，通常先須查明下列各項：

1.危險事故之發生是否在保險單有效期間以內。

2.危險事故之發生是否屬於承保範圍之內，如為除外不保之危險所致之結果者，自無理賠之理。

3.發生危險之地點是否在保險單約定行駛區域以內者。

4.損害之數額是否高於在被保險人自負額以外者，保險人只

負責高於其自負額之差額的損失而已。

5.賠償請求人是否爲保險利益之要保人、被保險人或其合法之受益人，保險人應須先行查明，始能給予賠償。

(二)調查（勘查）損失事實之眞象：

保險公司於接到被保險人發生危險之報告後如確認其應負責任者，即須派員調查眞象，以核定其應負責任之範圍，其採取之步驟有下列二種：

1.勘查損失情況：

保險公司於接獲被保險人之通知後，且確認事故之發生確在保單承保之期限、區域以及範圍以內者，理賠人員即須再作深度的調查，以明瞭事實之眞象，以便估計損失金額，必要時可與警方合作。至於現場勘查重點爲詳細調查所發生損失之大小、損失之種類，以及損失發生時間、危險事故發生經過，與事故發生之原因。勘查方法爲：

(1)攝取現場照片：

在肇事勘查者，可因適當之攝影使事實簡單清晰，且爲最可靠而準確之見證。但應從不同之角度攝取照片，以便作完全而正確之判斷。

(2)確定肇事車輛之牌照號碼及引擎號碼是否爲被保險之營業小客車所有。

(3)向憲警機關洽取肇事鑑定書所作之初步報告。

(4)被保險汽車有無出險後擴大損失之情事以加重保險人之負擔。

2.求償權利之認定：

被保險汽車於出險後，被保險人應維護現場至勘查人員到現

場勘查，如有故意加重損失之情形，則喪失其求償之權利。故勘查人員必須注意出險之汽車有無移動，又須注意被保險人於出險後是否未經保險人同意或檢查而逕行送廠修理者，如有以上之情由，對於出險之損失，保險人可不認被保險汽車有求償之權利。

3.估計損失數額：

保險人於勘查事實真象後，除認定被保險人無求償權利拒賠外，即應從事損失之估計，以便作為賠付之依據，估計損失數額之程序如下：

(1)調查營業小客車之車價：

即理賠人員應就此廠牌型式年份之營業小客車，向當地汽車經售商索取價目表作為參考，且儘可能取得該營業小客車原始之發票以資估計出一真實價格。

(2)計算賠償數額：

如被保險之出險的營業小客車，如屬部分損失，或被保險人有自負額，或被保險人購買重複保險者，理賠人員應依比例分擔之方式計算保險人之負擔額。

(3)交付公斷：

損失之估計通常以議價為之。乃由被保險人與保險人雙方協議和解；如果雙方協議不得結果而發生爭議時，各方推舉公斷人一人公斷；如仍無法獲得協議時，再共同另推第三公斷人作最後之裁定。

4.理賠之履行：

當估計損失數額，賠償金額確定後，保險公司應於約定期間內負擔給付修護費用，但以不超過保險單所載之該項保險金額為限。

⑴車損費用以不超過下列之範疇爲限：

a.救護費用：

凡遇有保險事故所致之損失時，被保險人應協助公司處理。除必須之急救費用外，非經保險公司同意，被保險人不得擅自承認要約之允諾，或給付賠款。

b.修護費用：

此項費用包括修護材料、工資、裝配零件材料所需之費。又當全損車無法修護或修護費用達被保險營業小客車實際價值四分之三時，得照保險金額估賠，但殘餘物以折價抵賠。

⑵第三人之車損：如被保險人之被保險汽車碰撞或傾覆第三人之汽車或其他車輛時，其賠償費用以下列之範圍爲限：

a.拖車費：

即移送損害之汽車至修理廠之正當費用。

b.修護費：

包括修護材料、工資、裝配零件材料所需之費。如第三人受損之汽車，另向其他保險公司購買汽車綜合損失險者，理賠時應依照鑑定責任，以雙方共同過失責任之比例，分別以第三人財損及被保險汽車綜合損失險處理之。

⑶第三人體傷或死亡賠償費用以下列範圍爲限：

a.急救及護送費用：

即緊急救治及護送傷亡者所必須之費用。

b.醫療費用：

包括掛號診斷及 X 光檢查，以及其他醫藥治療上所必需之實際費用。

c.住院費用：

以傷勢嚴重，經醫師診斷認爲必要住院之日數及治療上直接需要之費用。

d.死亡喪葬費用：

按當地習慣協議賠付，並酌付死亡家屬之慰恤金，但以被害人依法可請求賠償，及不超過保險單約定最高賠付責任爲限。

⑷第三人財損(包括家畜在內)：其賠償費用範圍爲以下列四種爲限：

a.搬運費用：

搬運受損害財物或修理工具材料所必須之費用。

b.修護費用：

修護受損財物所需之實際費用。

c.補償費用：

如受損財物無法回復原狀者，得按其實際損失協議理賠，但應扣除折舊。

d.家畜醫治費用：

憑獸醫診斷後爲治療上所必須之實際費用，死亡者，按當地市價協議賠付。

e.乘客體傷或死亡賠償費用比照第三人體傷或死亡賠償範圍辦理。

本章摘要

舉凡一種新的發明，帶給人類有利則必有弊，汽車的發明亦正是如此，汽車的成長雖帶給我們很多方便，但也產生了汽車保險，無論道路交通設施如何完善，汽車肇禍仍屬難免，爲期使社

會成本減至最低，實有汽車保險之重要與必需。

　　汽車保險依其種類可分爲，汽車綜合損失險、汽車竊盜損失險、汽車第三人責任險及各種附加險等。在保單條款方面，試分爲共同條款及特別條款，主要係規範汽車保險之承保範圍、不保項目、自負額、複保險、告知與通知義務及理賠事項等。

　　在費率之釐訂方面，分爲基本費率及增減費率兩項，前者係依汽車用途之種類、排氣量等因素來訂定，而後者係以廠牌、車齡、肇事記錄等來作爲增減費率之考慮因素。

　　當汽車出事後，被保人或要保人除須儘速通知、施救及保持現場之義務外，還須提供損失清單、各種相關文件並備妥理賠申請書依規定期限內向保險人提出賠償請求。

本章習題

一、請敍述汽車之種類。

二、汽車保險可分爲無限保險及有限保險，請說明之。

三、何謂汽車綜合損失險？其內容爲何？請說明之。

四、汽車第三人責任險之承保範圍可分爲那兩類？請敍述之。

五、請分別舉出汽車保險中各種附加險？

六、汽車保險保險人之賠償方式爲何？請分析之。

七、汽車綜合損失保險付費之計算爲何？請說明之。

八、汽車綜合損失險增減費率之內容有那些？請說明之。

九、請說明汽車保險各項附加保險費計算之內容？

十、汽車保險中對於第三人體傷或死亡財損之賠償範圍有那些？
　　請分述之。

第五章　責任保險

第一節　侵權行為與損害賠償

　　凡使他人受傷亡或損害他人之財物時，行為人對受損害之被害人應予以損害賠償，此乃一般所謂侵權行為之民事責任。在我國民法有關侵權行為責任之規定，分別在民法第一八四條至一九一條，並依其特性可分為下列三類：

一、一般侵權行為

　　民法第一八四條規定：「因故意或過失，不法侵害他人之權利者，負損害賠償責任。故意以背於善良風俗之方法，加損害於他人者亦同。違反保護他人之法律者，推定其有過失。」可以說，侵害他人權利或利益係為違法行為，為法律所不允許的。構成一般侵權行為有其行為成立之要件，計有㈠自己之行為，㈡權利或利益之侵害，㈢損害之發生，㈣損害與行為有因果關係，㈤此項行為須為不法，㈥行為人須有意識能力，㈦行為必為故意或過失。

二、共同侵權行為

　　民法第一八五條規定：「數人共同不法侵害他人之權利者，連帶負損害賠償責任。不能知其中孰為加害人者，亦同。造意人及

幫助人，視爲共同行爲人。」由此法條之規定，可知共同侵權行爲之要件有㈠共同加害行爲，㈡共同危險行爲，㈢造意及幫助。

三、特殊侵權行爲

依我國民法規定，特殊侵權行爲可分爲六種，即㈠公務員之侵權責任（民法第一八六條），㈡法定代理人之責任（民法第一八七條），㈢僱用人之責任（民法第一八八條），㈣定作人之責任（民法第一八九條），㈤動物占有人之責任（民法第一九〇條），㈥工作物所有人之責任（民法第一九一條），謹將其內容分列於後：

㈠公務員之侵權責任：

民法第一八六條規定：「公務員因故意違背對於第三人應執行之職務，致第三人之權利受損害者，負賠償責任。其因過失者，以被害人不能依他項方法受賠償時爲限，負其責任。前項情形，如被害人，得依法律上之救濟方法，除去其損害，而因故意或過失不爲之者，公務員不負賠償責任。」

㈡法定代理人之責任：

民法第一八七條規定：「無行爲能力人或限制行爲能力人不法侵害他人之權利者，以行爲時有識別能力爲限，與其法定代理人連帶負損害賠償責任。行爲時無識別能力者，由其法定代理人負損害賠償責任。前項情形，法定代理人如其監督並未疏懈，或縱加以相當之監督，而仍不免發生損害者，不負賠償責任。如不能依前二項規定受損害賠償時，法院因被害人之聲請，得斟酌行爲人與被害人之經濟狀況，令行爲人爲全部或一部之損害賠償。前項規定，於其他之人，在無意識或精神錯亂中所爲之行爲致第三人受損害時，準用之。」

㈢僱用人之責任：

民法第一八八條規定:「受僱人因執行職務, 不法侵害他人之權利者, 由僱用人與行為人連帶負損害賠償責任。但選任受僱人及監督其職務之執行已盡相當之注意或縱加相當之注意而仍不免發生損害者, 僱用人不負賠償責任。如被害人依前項但書之規定, 不能受損害賠償時, 法院因其聲請, 得斟酌僱用人與被害人之經濟狀況, 令僱用人為全部或一部之損害賠償。僱用人賠償損害時, 對於為侵權行為之受僱人, 有求償權。」

㈣定作人之責任:

民法第一八九條規定:「承攬人因執行承攬事項, 不法侵害他人之權利者, 定作人不負損害賠償責任。但定作人於定作或指示有過失者, 不在此限。」

㈤動物占有人之責任:

民法第一九〇條規定:「動物加損害於他人者, 由其占有人負損害賠償責任。但依動物之種類及性質, 已為相當注意之管束, 或縱為相當注意之管束而仍不免發生損害者, 不在此限。動物係由第三人或他動物之挑動, 致加損害於他人者, 其占有人對於第三人或該他動物之占有人, 有求償權。」

㈥工作物所有人之責任:

民法第一九一條規定:「土地上之建築物或其他工作物, 因設置或保管有欠缺, 致損害他人之權利者, 由工作物之所有人負賠償責任。但於防止損害之發生, 已盡相當之注意者, 不在此限。前項損害之發生, 如別有應負責任之人時, 賠償損害之所有人, 對於該應負責者, 有求償權。」

特殊侵權行為之構成, 不完全以由人之行為所引起者為限, 且負損害賠償責任之人亦不限於侵權行為之本人, 因此特殊侵權

行爲乃係爲保障被害人因某些特殊情況，受有損害，而無法從一般或共同侵權行爲之規定得到補償，而予以特別規定之侵權行爲。

損害賠償與侵權行爲實密切不可分，依我國民法規定，不論何種侵權行爲，行爲人對於被害人均應負損害賠償之責任。故侵權行爲之效力即在爲損害賠償債權之發生，而其當事人，在損害賠償債務人方面係爲一般侵權行爲之行爲人，共同侵權行爲之共同加害之各人、造意人、幫助人及特殊侵權行爲之行爲人與連帶負賠償責任之人。在債權人方面除了受害人本人外，另有爲受害人支出殯葬費之人，被害人負有法定扶養義務之第三人及受害人之父母子女及配偶亦有損害賠償之請求權。

至於賠償之範圍，包括財產上及非財產上之損害，減失勞動能力或增加生活上需要之損害等，而賠償之方法可分爲支付定期金、賠償物之損失及回復名譽之處分。

第二節　損害賠償社會化與責任保險

民事責任，主要包括侵權行爲及契約責任。由於侵權行爲在經濟、科技與社會之快速變遷下，再復以法治與自由民主思潮之演進，益形重視人權之保障，致使企業、家庭與個人因侵害他人身體或財產而承負之賠償責任，不僅其種類或性質，均較過去爲多，同時亦日趨複雜。並且其發生頻率日益昇高，賠償幅度更漸趨膨脹。

然而侵權行爲之法律責任法制並不能保證受害者能得到賠償，且損害之無常，責任之無限，使個人、家庭或企業無可計算其多寡有無，資力弱者固無法支持，縱有資力者亦窮於應付，各

項經濟與社會活動因而萎縮，亦是大家所不願見。責任保險即應時而生，將損害填補之責任透過危險之分散，損失分攤之保險技術，分配於整個社會大衆，因此有所謂責任保險乃是「損害賠償之社會化」之具體表現。

在「危險社會化」之理想下，責任保險取代了侵權行爲責任，此種發展之結果，顯然是其優於侵權行爲之責任。在侵權行爲責任與責任保險之比較中，侵權行爲責任最大之缺點，乃在無法保證受害人得到賠償，其次在侵權行爲中，當事人有加害人及受害人兩造，往往在賠償責任之認定中產生加害人免責或過失相抵之法律辯證，構成受害人不能得償之缺陷。然而責任保險最重要之意義，蓋在其所具有提供加害人履行債務能力，保障受害人債權，具有安定社會秩序之功能。

損害賠償事件直接影響雙方當事人之生活及經濟，間接影響社會秩序、安全和融洽。解決之道，基本上是根絕賠償事件之發生。但在繁雜的現代經濟社會中絕無可能，退而求其次乃在提供加害人償債能力及保障受害人權益之機能，故以責任保險作爲補救亦不失爲一可行之方法。

第三節　責任保險賠償責任之歸屬與保險事故

所謂責任保險，係指被保險人因約定之事因，致他人之權利受有損害依法應負賠償責任而受賠償之請求時，由保險人負賠償責任之保險。換言之，乃被保險人爲免除自己對第三人之損害賠償責任爲目的所訂立之保險契約，故也有稱爲第三人責任保險（third-party liability insurance）。

責任保險係分散加害人（即被保險人）之責任，而加害人責任之成立則必須於實際有受到損害之第三人存在。因此責任保險之首一要件，必須發生多數之民事責任（如汽車傷害事故等）。其次，責任保險雖亦與其他保險契約相似之功能，即有損害填補之作用而同為損失發生之保障。然而二者亦有相異之處。蓋責任保險之被保險人雖未有實際給付之損失，但只要依法有應負損害賠償責任而受賠償請求時，保險人即應負給付保險金之義務，但一般保險契約乃被保險人須有受實際之損失方得向保險人請求賠償。

雖然責任保險亦為財產保險之範疇，但與其他之財產保險目的不同，保險標的亦有差異。因為責任保險之標的，係指被保險人（加害人）對於第三人所應負擔之賠償責任，而被保險人會由於這些賠償責任而使其財產因之減少，故責任保險之保險標的為被保險人之所有財產，但其他財產保險標的大多為特定之物，如房產、貨物、船舶等。在保險目的方面也大異其趣，一般財產保險之保險目的是為保障被保險人現有或期待之利益或不利益，故其目的在保障積極或消極之保險利益。然對責任保險其本質而言，亦即因約定意外事故之發生，將使被保險人對第三人負賠償責任而蒙受不利益，故其應屬於消極之保險利益，被保險人絕無可能在責任保險之給付中有任何實質的補償。

因此，就前所述，一般而言責任保險保險事故成立之要件須有下列之條件：

1.意外事故之發生須起因於保險契約所約定之事因。

2.須有第三人受損害，亦即有受害人之存在。

3.須有應負之法律上的賠償責任。

4.須有第三人（即受害人）提出請求賠償之要求。

5.須為經由和解或訴訟之程序所確定之賠償金額。

另外，責任保險之理賠基礎有事故發生基礎（occurrence basis）、賠償請求基礎（claim made basis）及損失發生基礎（discovery basis）等三種不同基礎。所謂事故發生基礎係指保險事故發生在保險期間內，保險人才負賠償之責。賠償請求基礎又稱索賠說，係指被保險人在保險期間內受第三人（即受害人）賠償請求，而被保險人並亦在保險期間內向保險人報案，保險人始負賠償之責。而損失發現基礎乃指受害人遭受被保險人之侵害所發生之損失只要在保險期間內，保險人就有賠償之責任。

以上三種基礎其優缺點及應採用何者為宜，須依個別情況而定。就事故發生說之優點在保險期間發生事故保險人始負賠償責任，責任歸屬較易劃分，但未決賠款之業務極多，保險人須承擔此項「長尾」之未了責任。索賠基礎說之優點在保險人可免除宕延時日長期未了之賠償責任，但缺點對於被保險人較為不利，亦即被保險人在保險期間屆滿後之受害人所提出之索賠請求時，無法從保險人處得到任何的補償申請；不過在產險實務上，保險人往往應被保險人需要，可加費加保保單期滿後之延長報案期間，此期間通常為三個月或半年，有時亦可加保第一年保單生效日前一段期間內已發生而在保單生效後才向被保險人請求之賠償責任。損失發現說之優點在於使被保險人較易得到保險人之賠償，因為損失之發現只要在保險期間內，不管受害人之請求權及被保險人之賠償責任何時確定，均可向保險人提出賠償請求，但最大之缺點乃極易產生道德性危險，也會因請求時效之漫長拖延產生保險責任歸屬之困難性。

第四節　責任保險契約

　　責任保險契約係指被保險人對於第三人依法應負賠償責任，而受賠償之請求時，由保險人負賠償責任之契約。故其保險契約之構成多以書面爲之，除要保書及暫保單外，保險單爲其主要部分。保險單是保險契約之書面憑證，故其內容有下列重要之項目：

一、基本條款

　　此類條款乃規定保險契約上必需之記載，及適用於一般情形之事項，其內容有承保事項（包括承保範圍、訴訟費用、自負額等），不保事項（包括不保之危險、不保之財產、相對不保及絕對不保之損失等），理賠事項（包括事故發生通知與處理、保險金額與責任限制、抗辯、和解及附帶費用、代位求償等），一般事項（包括告知及通知義務、複保險之規定、無效及失權之原因、變更契約或復效契約之規定等）。

二、特約條款

　　又稱附加條款，即責任保險契約當事人，於基本條款之外，雙方承認履行特種義務規定的條款。換言之，也即契約當事人就特殊的需要個別約定之事項，用以補充基本條款的規定。

　　至於責任保險契約之效力，可就契約當事人予以說明，對於保險人方面，其效力爲：

　　1.保險金額給付之義務，即被保險人對於第三人依法應負損害賠償責任而受賠償請求時，保險人即應對被保險人負其保險契約上之責任，亦即保險金額給付之義務。

　　2.保險人抗辯之義務，當被保險人因發生保險契約承保之意

外事故，致被控訴或受賠償請求時，保險人得經被保險人之委託，就民事部分以被保險人名義，代爲抗辯或進行和解。

3.保險人之參預權，依據保險法第九十三條規定：「保險人得約定被保險人對於第三人就其責任所爲之承認和解或賠償，未經其參預者，不受拘束。」此乃保險人之參預權。蓋被保險人對於第三人就其責任所作之承認、和解或賠償應否爲之，或其數額之多寡，均與保險人之利益相關，故明定未經保險人之參預則保險人不受拘束。由此可知責任保險契約中保險人有控制和解之權。

4.保險人之代位權，責任保險契約係以補償被保險人就保險標的所受之實際損失爲原則，故被保險人不得就同一標的而受雙重之補償，因此若被保險人在領取保險金後，對於侵害行爲之第三人有請求權者，必須將其請求權移轉給保險人，亦即保險人有代位求償權。此項代位權之作用乃在避免第三不法侵權行爲人獲得意外利益，以維護損害補償之原則。又當保險人在行使代位權時，被保險人不得爲任何不利於保險人行使此項權利之行爲，亦即被保險人既不得於損害發生後拋棄其對第三人之賠償請求權，亦不得領受保險金後免除第三人之賠償責任。

對於要保人（或被保險人）之效力爲：

1.保險費繳付之義務，蓋保險費乃要保人交付給保險人作爲保險人負擔危險責任之對價，故保險費之交付乃保險契約成立之要件，故責任保險契約之要保人有繳付保險費之義務。

2.損失通知之義務，在責任保險契約理賠事項條款中規範當發生保險契約約定承保之賠償責任時，被保險人應於規定期限內負損失通知之義務。如果被保險人不於規定期限內爲通知者，對於保險人因此所受之損失應負賠償之責。

　　3.協助之義務，在責任保險契約中，大多均有在知悉被控訴或被請求賠償時，被保險人應將收到之賠償請求書、法院公文、傳票或訴狀等影本送交保險人，又保險人認爲有必要時，得要求被保險人提供有關資料及文書證件等類似條款之規定。責任保險契約之所以規定被保險人有此項協助之義務，目的在保護保險人之利益以防止被保險人與受害人之道德性危險。

　　謹將我國責任保險契約中共同基本條款列述於後，茲供參考：

一般事項：

一、本保險單共同基本條款、基本條款及附加之特約條款、批單或批註以及本保險契約有關之要保書，均係本保險契約之構成部分。

二、要保人、被保險人或其代理人於要保時，如有任何實質上之誤報、漏報或隱匿重要事項，足以變更或減少本公司對於危險之估計者，本公司得解除保險契約，其危險發生後亦同。

三、被保險人對受僱人之選任，應盡善良管理人之注意。對營業處所或施工處所之建築物、通道、設施、機器、電梯或其他工作物，應定期檢查，注意修護，對意外事故之發生，予以防免。

四、要保人應於本保險契約訂立時，向本公司所在地或指定地點交付保險費。交付保險費時應以本公司所發之收據爲憑。

五、有關本保險契約之通知事項，除另有特別約定外，被保險人應以書面爲之。本保險契約所記載事項遇有變更，被保險人應於事前通知本公司。上述變更，須經本公司簽批後始生效力。

六、本保險契約得隨時由被保險人以書面通知本公司終止之，其

未滿期間之保險費，本公司當依照短期費率之規定返還被保險人。本公司亦得以十五日為期之書面通知，送達被保險人最後所留之通訊處終止之，其未滿期間之保險費，本公司依照全年保險費按日數比例返還被保險人。

七、本保險契約所載「每一個人身體傷亡之保險金額」，係指在任何一次意外事故內對每一個人傷亡個別所負之最高賠償責任而言。如在同一次意外事故內傷亡人數超過一人時，本公司之賠償責任，僅以本保險單所載「每一意外事故傷亡」之保險金額為限，並仍受「每一個人身體傷亡保險金額」之限制。

八、本保險契約所載「每一意外事故之財物損失之保險金額」，係指在任何一次意外事故內對所有受損之財物所負之最高賠償責任而言。

九、在本保險契約有效期間內賠償請求次數超過一次時，本公司所負之累積最高賠償責任，仍以「保險期間內之最高賠償金額」為限。

十、依據本保險單之規定，應由本公司對被保險人負賠償責任時，悉以本保險單「保險金額」欄所載之保險金額為限，若被保險人能以較少金額解決者，本公司以該較少金額賠償之。

十一、被保險人於提出賠償請求時須先行負擔所約定之自負額。本公司僅對超過自負額部分之損失，負賠償之責。

十二、本保險契約之被保險人人數超過一人時，本公司對於第三人所負賠償責任，仍以本保險契約所訂明之保險金額為限。

十三、對於下列事故所致之賠償責任，不在本保單承保範圍之內，本公司不予以賠償：

㈠因戰爭、類似戰爭(不論宣戰與否)、敵人侵略、外敵行為、

叛亂、內亂、強力霸佔或被徵用所致者。

㈡因核子分裂或輻射作用所致者。

㈢因罷工、暴動、民衆騷擾所致者。

㈣因颱風、地震、洪水或其他天然災變所致者。

㈤因被保險人之故意行爲所致者。

㈥因被保險人經營或兼營非本保險單所載明之業務或執行未經主管機關許可之業務或從事非法行爲所致者。

㈦各種形態之污染所致者。

㈧被保險人因所有或使用或管理飛機、船舶及領有牌照之車輛所致者。

十四、對於下列賠償責任，不在本保險單承保範圍之內，本公司
　　　　不予賠償：

㈠被保險人以契約或協議所承受之賠償責任。但縱無該項契約或協議存在時仍應由被保險人負賠償責任者，不在此限。

㈡被保險人向人租借、代人保管、管理或控制之財物，受有損失之賠償責任。

㈢被保險人或其受僱人因執行醫師、律師、會計師、建築師或其他專門職業所發生之賠償責任。

㈣於中華民國臺閩地區以外所發生之賠償責任。

理賠事項：

十五、因發生本保險契約約定承保之賠償責任時，被保險人應按
　　　　下列規定辦理：

㈠應於知悉後立即以電話、電報或書面通知本公司。

㈡立即採取必要合理措施以減少損失。

㈢於知悉有被控訴或被請求賠償時，應將收到之賠償請求書、

法院令文、傳票或訴狀等影本送交本公司。

㈣本公司認為必要時得要求被保險人提供有關資料及文書證件。

十六、被保險人對於本保險契約承保範圍內之賠償責任，應遵守下列之約定：

㈠除必須之急救費用外，被保險人就其責任所為之承認、和解或賠償，須經本公司參與或事先同意。但被保險人自願負擔者不在此限。

㈡被保險人於取得和解書或法院確定判決書及有關單據後，得向本公司請求賠償。本公司得經被保險人通知，直接對第三人為賠償金額之給付。

㈢被保險人或其代理人，對於本保險契約請求賠償，如有任何詐欺行為或提供虛偽報告或設計詭計情事時，本保險契約之效力即告喪失。

㈣對意外事故之發生若另有依法應負賠償責任之第三人時，被保險人不得對該第三人免除責任或拋棄追償權。本公司於賠付後得依法行使代位求償權控訴該第三人，被保險人應提供一切資料協助本公司辦理。

十七、被保險人因發生保險契約承保之意外事故，致被控訴或受賠償請求時：

㈠本公司得經被保險人之委託，就民事部分以被保險人名義，代為抗辯或進行和解，所生費用由本公司負擔，但應賠償之金額超過保險金額者，由本公司及被保險人依保險金額與超過金額之比例分攤之；被保險人經本公司之要求，仍有到法院應訊並協助覓取有關證據及見證人之義務；被保險人之民事責任與刑事責任

有牽連關係或民事賠償責任超過本保險單所載之保險金額者，本公司非經被保險人書面同意，不得捨棄、認諾、撤回或和解。

㈡被保險人因處理民事賠償請求所生之費用及因民事訴訟所生之費用，事前經本公司同意者，由本公司償還之。但應賠償之金額超過保險金額者，其費用由本公司及被保險人依保險金額與超過金額之比例分攤之。

㈢被保險人因刑事責任被控訴時，其具保及因刑事訴訟所生之一切費用，由被保險人自行負擔，本公司不負償還之責。

十八、本保險契約承保範圍內之賠償責任，如另有其他保險契約重複承保時，本公司對於該項賠償責任以本保險契約所定保險金額對於全部保險金額之比例爲限。

十九、被保險人履行或遵守本保險契約所載及簽批之條款及任何約定，以及要保人所填交要保書申述之詳實，均爲本公司負責賠償之先決條件。

法令之適用：

二十、本保險契約未約定事項，悉依照中華民國保險法及有關法令規定辦理。

第五節 公共意外責任保險

所謂公共責任保險（public liability insurance），乃承保被保險人對公衆所負之身體傷害或財物損失賠償責任之保險，故其所包括之種類繁多，但基本之特性爲：

1.所承保之責任，均爲被保險人因過失而依法須對第三人所負之損害賠償責任。如被保險人故意之行爲抑或依據契約應負之

賠償責任，不在承保範圍內。

　　2.所負之賠償責任爲對第三人之損害，因此不包括被保險人本身的財損或身體傷害。

　　3.保險單對於每一被害人，以及每一意外事故都有最高賠償之限制。

　　我國公共意外責任保險，始於民國五十五年，過去由於相關法令對工商企業亦未課予相當之社會責任，致投保意願低落，推廣極爲不易。迨至近幾年來，由於公共場所一再發生危害公共安全的事故後，公共意外責任保險亦日益受重視。從消極方面而言，投保公共意外責任保險，可以補償被害人之損失；在積極方面，也可經由此項保險的核保與彈性費率之運用，促使業主改進公共設施，避免意外事件的發生。

　　目前我國產險業所經營之公共意外責任保險計有公共意外責任保險、電梯意外責任保險、營繕承包人公共意外責任保險、高爾夫球員責任保險等，僅將各險重要內容分述於後：

一、公共意外責任保險

　　㈠承保對象：

　　1.甲類：官署、金融業、公私企業、事務所。

　　2.乙類：店鋪。

　　3.丙類：學校、工廠、旅棧業、飲食業、浴室業、理髮業、遊藝及娛樂場所。

　　㈡承保範圍：

　　本保險單對於被保險人因下列意外事故致第三人死亡或受有體傷或第三人財物受有損失，依法應由被保險人負賠償責任，而受賠償請求時，本公司對被保險人負賠償責任。

1.被保險人或其受僱人，在本險載明之營業處所內，因經營業務之疏忽或過失所發生之意外事故。

2.被保險人營業處所之建築物、通道、機器或其他工作物，因設置、保養或管理有所欠缺所發生之意外事故。

㈢不保事項：

1.被保險人向人租借、代人保管或代售之財物，因毀損、滅失所致之賠償責任。

2.被保險人或其受僱人或其代理人於工作中，因工作疏忽或過失，而致施工財物遭受毀損、滅失所發生之賠償責任。

3.被保險人因所有或使用電梯或交通工具所致第三人死亡、體傷或第三人財物毀損、滅失之賠償責任。

4.被保險人或其受僱人或其代理人因售出或供應之貨物或商品致第三人死傷疾病之賠償責任。

5.被保險人在經營業務時，因工作而發生之震動或支撐薄弱或移動，致第三人之建築物、土地或其他財物遭受毀損、滅失而發生之賠償責任。

6.被保險人因經營或兼營非本保險單所載明之業務種類而發生之賠償責任。

7.被保險人營業處所之建築物因所有權關係所發生之賠償責任。

8.在臺灣省及臺北市以外地區所發生之賠償責任。

9.因戰爭、類似戰爭(無論宣戰與否)、敵人侵略、外敵行為、叛亂、內戰、強力霸佔或被徵用，無論直接或間接所致之賠償責任。

10.因罷工、暴動、民衆騷擾，無論直接或間接所致之賠償責

任。

11.因颱風、地震、洪水，不論直接或間接所致之賠償責任。

12.因火災、閃電、爆炸所致財物損害之賠償責任。

13.因核子分裂或輻射作用，無論直接或間接所致之賠償責任。

14.因被保險人執行未經主管機關許可之業務或其他非法行為所發生之賠償責任。

15.因被保險人之故意或主唆行為所發生之賠償責任。

16.因被保險人對於任何第三人允諾要約遇有意外事故所致發生之賠償責任。

17.被保險人之受僱人,因執行職務而死亡或受有體傷所發生之賠償責任。

18.被保險人或其受僱人於執行職務時,因受酒類或藥劑之影響而發生之賠償責任。

㈣基本保險金額:

1.每一個人體傷或死亡之保險金額為新臺幣二十萬元整。

2.每一意外事故體傷或死亡之保險金額為新臺幣四十萬元整。

3.每一意外事故財物損害之保險金額為新臺幣十萬元整。

4.保險期限內保險金額為新臺幣一百萬元整。

㈤基本保險費:

1.甲類: 新臺幣三千元。

2.乙類: 新臺幣五千元。

3.丙類: 新臺幣一萬元。

㈥保險金額之增加:

　　1.保險金額按基本保險金額提高百分之五十時，其保險費按基本保費加收百分之四十五。

　　2.保險金額按基本保險金額提高一倍時，其保險費按基本保費加收百分之八十五。

　　3.保險金額按基本保險金額提高二倍時，其保險費按基本保費加收百分之一百五十。

　　4.保險金額按基本保險金額提高三倍時，其保險費按基本保費加收百分之二百零五。

　　㈦保費增減：

　　1.提高自負額減費：

　　每一意外事故之自負額提高爲五千元，按應收保費減收百分之二‧五；自負額一萬元，減收百分之五；自負額二萬元，減收百分之七‧五；自負額三萬元，減收百分之十；自負額五萬元，減收百分之十五。

　　2.各項加費規定：

　　⑴建築(包括空地)面積超過二千平方公尺者，每增加一千平方公尺按應收保險費加收百分之五，不足一千平方公尺按一千平方公尺計算，面積超過一萬平方公尺者超過部分之加費由承保公司另定之，並報公會備查。

　　⑵受僱人在一百人以上者，每增加一百人按應收保險費加收百分之五，不足一百人按一百人計算，人數超過一千人者超過部分其加費由承保公司另定之，並報公會備查。

　　⑶具有危險性設施(如游泳池、機械遊樂場所)或製造、供應、儲存危險性物品者，其加費由承保公司另定之，並報公會備查。

　　⑷所稱危險性物品，係指火險費率規定之普通危險品及特別

危險品而言。

二、電梯意外責任保險

　　(一)承保範圍：

　　被保險人因所有、使用或管理被保險電梯在保險期間內發生意外事故，致乘坐或出入被保險電梯之人體傷、死亡或其隨帶之財物受有損害，依法應負賠償責任，而受賠償請求時，保險人對被保險人負賠償之責。

　　但前項所稱乘坐或出入被保險電梯之人，不包括被保險人或駕駛人在內。

　　(二)特別不保事項：

　　1.被保險電梯因裝載重量或乘坐人數超過本保險單載明該電梯之負荷量所發生之賠償責任。

　　2.被保險電梯發生損害或故障未經修復或經政府主管機關命令停止使用，而繼續使用發生之賠償責任。

　　對於承保對象之分類，基本保險金額及自負額均與公共意外責任保險相同。唯一注意的是電梯保險之基本保險費係按每部電梯計算。

三、營繕承包人公共意外責任保險

　　(一)承保範圍：

　　被保險人或其受僱人於保險期間內在本保險單所載明之施工處所內，因執行承包之營繕工程發生意外事故，致第三人體傷、死亡或第三人財物損害，依法應由被保險人負賠償責任，而受賠償請求時，保險人對被保險人負賠償之責。

　　(二)特別不保事項：

　　1.被保險人之家屬或在執行職務之受僱人(包括次承包商及

其受僱人)發生體傷、死亡或其財物受有損害之賠償責任。

2.被保險人所承包之營繕工程於保險期間屆滿前經定作啓用、接管或驗收後所發生之賠償責任。前項所稱驗收係指營繕工程之保固或養護期間開始前之驗收。

3.被保險人或其受僱人於執行業務時，因受酒類、藥劑之影響而發生之賠償責任。

4.因下列原因損害第三人土地、建築物或其他財物所致之賠償責任。

(1)土地下陷、隆起、移動、震動或土砂崩坍陷落。

(2)地層軟弱或土砂流動。

(3)地下水增加或減少。

(4)基層擋土或支撐設備之薄弱或移動。

5.因損害管線、管路、線路或其他有關設施所致任何附帶損失。

(三)承保對象：

係以承包各種營繕工程而領有營業執照之承包商爲對象。

在基本保險金額與自負額亦均與公共意外責任保險相同。

四、高爾夫球員責任保險

(一)承保範圍：

1.因被保險人參加高爾夫球運動發生意外事故，致第三人(包括球僮在內)受有體傷或死亡，依法應由被保險人負責賠償時，保險人對被保險人負賠償之責。

2.因被保險人參加高爾夫球運動發生意外事故，致第三人之財物(包括高爾夫球俱樂部及球僮之財物在內)受有損害，依法應由被保險人負責賠償時，保險人對被保險人負賠償之責。

3.被保險人之衣李及高爾夫球具在球場運動期間內置存於高爾夫球場所指定建築物內之保管處所，因火災、雷電閃擊或竊盜所致之毀損與滅失，保險人負賠償責任。

4.被保險人於參加高爾夫球運動時所使用之球桿發生破裂或斷折所致之損失，保險人負賠償責任。

㈡不保項目：

1.適用於一般者：

⑴因敵人侵略、外敵行為、戰爭或類似戰爭之行為（不論宣戰與否）、叛亂、內戰、強力霸佔、軍事訓練或演習，無論直接或間接所致之毀損、滅失或賠償責任。

⑵因核子分裂或鎔解或輻射作用，無論直接或間接所致之毀損、滅失或賠償責任。

⑶因颱風、地震、冰雹、洪水或其他天然災變或氣象上之災變、爆炸、暴動或民眾騷擾，無論直接或間接所致之毀損、滅失或賠償責任。

2.適用於㈠1.項者：對被保險人或其家屬或受僱人(球僮除外)因體傷或死亡所發生之賠償責任。

3.適用於㈠2.項者：對被保險人或其家屬或受僱人(球僮除外)自有或租用或代人保管或管理人之財物因損害所發生之賠償責任。

4.適用於㈠3.與4.者：對被保險人高爾夫球具及衣李因窳舊或鼠嚙或固有瑕疵及非由意外事故所致之損失。

第六節　產品責任保險

　　產品責任保險即承保被保險人因製造、發售、處理或分配其產品或貨物，在他人消費或使用時受到損害而應負之損害賠償責任。但只以產品或貨物已離開原來之製造或發售之處所爲限。又依我國產品責任保險基本條款第一條之規定，對產品責任保險爲本保險單對於被保險人因保險產品之缺陷在保險期間內發生意外事故，致第三人身體受有傷害或第三人財物受有損失，依法應由被保險人負損害賠償責任，而受賠償請求時，對於被保險人負賠償之責。由此可知，產品責任保險乃爲被保險人爲免除自己之疏忽或侵權行爲所致對公衆第三人之法定損害賠償責任爲目的所訂定之保險契約，其保險標的爲被保險人在法律上之損害賠償責任，由於此項契約，而移轉於保險人負擔。

　　產品責任保險是由第三人責任保險演變而來，即被保險人對公衆第三人負損害賠償責任時，由保險人予以補償之責任保險。故其性質與一般水險、火險與壽險不同，就保險標的而言，其保險之標的爲被保險人在法律上之損害賠償責任，而水、火險爲財產及利益，壽險爲人身。就保險事故而言，產品責任保險一方須被保險人對於第三者依法負賠償責任，而他方又須被保險人受賠償請求時；而水、火險及壽險或爲財物之損害滅失，或爲生命之生存死亡。再就保險目的而言，產品責任保險爲意外事故發生時塡補被保險人對公衆第三人之賠償責任，而水、火險或壽險乃塡補其自己本身財物或身體所遭受之損害。產品責任保險除其本身具有上述性質外，尚具有下列幾點特質：

1. 道德性危險較少：

產品責任保險乃被保險人產品之瑕疵而致第三人死亡、體傷或財損，應負賠償責任時，將其應負擔之賠償責任移轉給保險人承擔。保險人則依其被保險人實際應負之賠償責任，直接賠償受害第三者或由被保險人先為賠付，保險人再為補償。其賠償金之取得與被保險人並無涉及直接利益關係，且其要保人之動機乃為能解除可能負擔之賠償責任，故可能發生之道德性危險較小。

2. 承保對象複雜：

產品責任保險之標的乃為法律上應負之賠償責任，因此，幾乎凡有關第三者負體傷或財損之賠償責任的各行各業產品製造人，均可為承保對象。所以其承保對象可由一般之製造業者推及至各類專業人士；或是高度精密科學性之產品製造人，承保對象不可說不為複雜，故在核保時對其危險之估計，損失時對其損害之查勘，則需富有經驗或各類專門技術人員為之。

3. 賠償金額限制嚴格：

產品責任保險有許多乃屬於巨災性質之危險，一旦事故發生，其受損之波及範圍極為廣泛，就以美國為例，在美國保險公會資料記載裡，一九八五年所發生之產品責任索賠案件中，總計有一百九十五人及為數超過六千萬美金之保險給付，換言之，每宗意外事件平均高達三十四萬六千五百八十七美元之賠款，而牽涉到這些巨額索賠的產品之種類很多，諸如堆高卡車、傳送機、升降機、瓦斯及電話線等等。可見產品責任所致損害之幅度及頻率之多，不可不為驚心。如果保險人不對其損害賠償之責任訂定相當之限制標準，則危險事故發生，巨額賠償金將使保險人不堪負荷而危及經營之安全。因此，產品責任保險對於賠償金額之限制，

除對每一個人之賠償金額有所限制外，對於每一次意外事故的損害賠償，也多定有最高之責任限額，以求保險人業務經營之安全。

4.保險費之計算通常較具彈性：

產品責任保險中，對於費率之計算，並非如同一般財產保險之方式，而是以一個人或每一意外事故賠償限額為標準來訂定。更因增加限額，產品種類之不同，或使用目的之不同而採不同之費率。且其保險費通常在訂定契約時就必須預繳一部分，在保險期間終了時，再依據該承保危險之賠款紀錄，調整其最後保險費，以多退少補之方式加以調整，故產品責任保險之保險費的計算較具彈性。

5.以被保險人在法律上應負之賠償責任為限：

產品責任保險以被保險人所負之法律責任為範圍，承負被保險人依法應負之損害賠償責任。

6.國際性頗濃厚：

因產品責任保險之承保地區，多以產品銷售地區為其範圍，雖有時限制於某地區如本國為限，但在多數情形下之產品責任保險是因應國外消費者之要求而投保者，藉以促進該產品之國際行銷，故產品責任保險具有跨國性。

7.危險之因果關係相當複雜：

一個產品責任之因果關係，與產品製造或加工過程中之設計欠缺、原料瑕疵、製造不良、加工不良、品質管理不當、檢驗機能等因素至為密切，故一旦產品責任發生，要確定彼此之近因(或謂緊接原因)，相當複雜。

8.保險事故發生時間及賠償請求期間甚難估計，故實務上有採發生基礎(occurrence basis)與索償基礎(claims made basis)

之分。

我國產品責任保險於民國六十八年五月奉財政部核准產險業可以經營以來，成為最新責任保險之險種。但僅以承保產品為對象，尚不包括已完工之工程或工作。茲就我國現行產品責任產品內容加以簡述於下：

一、承保範圍

本保險單係承保被保險人因被保險產品之缺陷在保險期間內發生意外事故，致第三人身體受有傷害或第三人財物受有損失，依法應由被保險人負損害賠償責任，而受賠償請求時，保險人對被保險人負賠償責任。

二、承保對象

依被保險人與產品之關係及危險分為：

㈠甲類：生產人、製造人、裝配人、加工人及進口人。

㈡乙類：批發商、經銷商、零售商。

三、產品種類

現行承保辦法規定以經政府檢驗機構檢驗合格之各類產品為限。但無法檢驗或不在檢驗項目範圍內之產品，自應不受此項規定之限制。

四、保險金額

分項訂定為：

㈠每一個人身體傷害之保險金額，目前為新臺幣二十萬元。

㈡每一意外事故身體傷害之保險金額，目前為新臺幣四十萬元。

㈢每一意外事故財物損失之保險金額，目前為新臺幣十萬元。

㈣保險期間內之保險基本金額，目前為新臺幣一百萬元，並

得提高至五倍。

五、自負額

目前自負額暫訂爲新臺幣五百元整。

六、保險費率

其保險費率分爲:

㈠基本費率:

基本費率係按產品之種類,按銷售額訂定千分比。現行費率表將產品分爲農產品、食品、瓶裝飲料、麵包、家具、家電、紡織品、鞋類、輪胎及自行車等類,就承保對象甲、乙類訂定費率。而費率表未列者,依個案另行訂定。

㈡費率調整:

1.提高保險金額加費:

按保險金額提高的倍數來加費,保險金額提高爲基本保額之一倍半時費率增爲基本費率之一‧四五倍,提高二倍時爲一‧八五倍,二倍半時二‧二倍,三倍時二‧五倍,四倍時三‧〇五倍,五倍時增爲三‧五倍。

2.共同被保險人加費:

被保險人爲甲類承保對象而將乙類承保對象列爲共同被保險人時,該共同保險人銷售被保險產品之金額,依原費率加收百分之十五,並應加批約定由於共同被保險人下列任一原因所致之賠償責任不保:

⑴未經原被保險人授權而將被保險品出售爲其他用途者。

⑵任何改變被保險產品原狀之行爲者。

⑶未適當維持產品之可售性者。

⑷未依照約定或依照商業習慣,對被保險產品實施檢查、試

驗或調整者。

(5)將被保險產品之標籤更換或自行貼符標籤者。

(6)在共同被保險人之處所內發生意外事故者。

若甲類承保對象，兼營乙類業務者，按甲類計收不另加費。

3.自負額減費：

如被保險人自負額提高二千元者，費率減百分之七·五，三千元者減百分之十五。

4.地區加費：

本保險以承保臺灣地區爲主，如承保臺灣以外地區之賠償責任者，則另計費率。

七、保險期間

通常可分爲一年、六個月、三個月及一個月四種。

八、保險費

依費率按銷售總金額計算，其實務上保費之計算可分爲：

㈠預收保險費：

按全年預計銷售總金額，依約定費率計算預收保險費，可分爲保險期間爲一年者，預收全年預計保費，保險期間六個月者，預收百分之七十五；三個月者，百分之五十；一個月者，百分之二十五。

㈡實際保險費：

1.一年期保單，於保險期間屆滿三十日內，按全年實際銷售總額依約定費率計算之。

2.不滿一年之保險單或被保險人中途退保者，按保險有效期間實際銷售總額，依約定之費率乘以費率表所定短期費率標準而計算實際保費。

3.保險費之結付，預收保險費與實際保險費的差額採多退少補的方式結付。

4.最低保險費之規定目前為新臺幣二千元。

㈢大額業務減費：

每一保險單之保險費超過新臺幣十萬元至二十萬元部分優待減費百分之十；三十萬元至五十萬元部分減費百分之十五，五十萬元以上部分減費百分之二十。

第七節　專門職業責任保險

專門職業責任保險係承保被保險人於執行各項專門職務或業務時，因為過失、錯失、疏漏等原因，致使第三人遭受損害時，依法應由被保險人負賠償責任，而當受害者提出賠償請求時，由保險人予以補償之責。

目前我國已辦理此類專門職業責任保險計有醫師業務責任保險、律師責任保險及會計師責任保險，僅將其主要內容敘述於後：

一、醫師業務責任保險

㈠承保範圍：

1.被保險人執行醫師業務，因疏忽或錯誤之診療，直接引致病人體傷或死亡，依法應負賠償責任時，保險人對被保險人負賠償之責。

2.依照本保險單之規定，應由保險人負賠償責任時，悉以本保險單所載保險金額各項規定之最高賠償金額為限，其能以較少金額解決者，應依該較少金額賠償之。

3.被保險人因執行醫師業務，發生本保險單第一條之事故，

致被控訴或受賠償請求時，保險人得以被保險人之名義代爲抗辯或進行和解。

　　凡有關賠償請求之訴訟費用及必要開支，事前經保險人書面允諾者，另行給付之。但被保險人如受刑事控訴時，其具保及訴訟費用不在此限。

　　㈡不保項目：

　　1.被保險人被撤銷醫師資格或被撤銷開業執照或受停業處分而仍繼續執行醫師業務所發生之賠償責任。

　　2.被保險人由於不正當治療，濫用鴉片、嗎啡等毒劑藥品所發生之賠償責任。

　　3.被保險人使用放射器材治療所發生之賠償責任。但經本保險單特別承保者，不在此限。

　　4.被保險人因約定治療或包醫之後果所發生之賠償責任。

　　5.被保險人因具有醫院、療養院、診所、實驗所或其他事業機構之所有人、合夥人、監督人或經理人之身分所發生之賠償責任。

　　6.被保險人之僱用醫師，因執行醫師業務所發生之賠償責任。

　　7.在本保險單有效期間內，發生本保險單規定應負賠償責任之情事，而未爲被保險人在本保險單期滿後六個月內所發現之賠償責任。

　　8.被保險人在本保險單訂定前所發生之賠償責任。

　　9.在臺灣省以外地區所發生之賠償責任。

　　10.因戰爭、類似戰爭(無論宣戰與否)、敵人侵略、外敵行爲、叛亂、內戰、強力霸佔或被徵用，無論直接或間接所致之賠償責任。

11.因罷工、暴動、民衆騷擾，無論直接或間接所致之賠償責任。

12.因颱風、地震、洪水，不論直接或間接所致之賠償責任。

13.因火災、閃電、爆炸所致財物損害之賠償責任。

14.因核子分裂或輻射作用，無論直接或間接所致之賠償責任。

15.因被保險人執行未經主管機關許可之業務或其他非法行爲所發生之賠償責任。

16.因被保險人之故意或主唆行爲所發生之賠償責任。

17.因被保險人對於任何第三人允諾要約遇有意外事故所致發生之賠償責任。

18.被保險人之受僱人，因執行職務而死亡或受有體傷所發生之賠償責任。

19.被保險人或其受僱人於執行職務時，因受酒類或藥劑之影響而發生之賠償責任。

(三)承保對象：

須以領有合格醫師證書、執業執照並已獨立開業或服務於公私立醫院、診所、衛生所之醫師或受正式醫師指導之實習醫師爲限。

(四)基本保險金額與自負額：

在基本保證方面，每一個人爲新臺幣二十萬元，每一意外事故爲新臺幣一百萬元，保險期間累積總限額爲新臺幣二百萬元，並可提高爲基本保額五倍。自負額最低爲新臺幣一萬元。

二、律師責任保險

(一)承保對象：

以依法登錄開業之律師爲承保對象。

(二)承保範圍：

對被保險人於執行律師業務時，因過失、錯誤或疏漏而違反其業務上應盡之責任及義務，致第三人(委託人及其他利害關係人)蒙受「財務損失」(financial loss)，依法應由被保險人負賠償責任，並由該第三人於保險單有效期間內提出賠償請求時，由本公司對被保險人負賠償之責。

(三)基本保險金額：

1.每一次事故賠款之保險金額爲新臺幣一百萬元整。

2.保險期間內之累計保險金額爲新臺幣二百萬元整。

(四)被保險人自負額：

每一次事故賠款被保險人自負額新臺幣一萬元整。

(五)基本保險費率：

依據本承保辦法第四條基本保險金額及第五條被保險人自負額所訂定之基本保險費率公式如下：(單位：新臺幣元)

費率公式：

全年保險費＝基數2000＋(執業律師每人3000×人數)＋(助理人員及高級職員每人1500×人數)＋(其他員工每人500×人數)

(六)增加保險金額後之保險費率表：

保險金額 單位：百萬元	每一次事故賠款之保險金額	1	2	3	4	5	10
	保險期間內之累計保險金額	2	4	6	8	10	20
費率倍數		1.00	1.55	2.00	2.40	2.75	4.00

(七)保險費率之增減：

1.加保第三人證據文件損失責任險加費：

按全年應收保險費加收百分之十五。

2.提高自負額減費：

(1)自負額提高為新臺幣二萬元者，按全年保險費減收百分之五。

(2)自負額提高為新臺幣五萬元者，按全年保險費減收百分之十五。

(3)自負額提高為新臺幣十萬元者，按全年保險費減收百分之三十。

(八)保險期間：

本保險之保險期間訂為一年。

三、會計師責任保險

(一)承保對象：

以依法登錄開業之會計師為承保對象。

(二)承保範圍：

對被保險人於執行會計師業務時，因過失、錯誤或疏漏而違反其業務上應盡之責任及義務，致第三人(委託人及其他利害關係人)蒙受「財務損失」(financial loss)，依法應由被保險人負賠償責任，並由該第三人於保險單有效期間內提出賠償請求時，由本公司對被保險人負賠償之責。

(三)基本保險金額：

1.每一次事故賠款之保險金額為新臺幣一百萬元整。

2.保險期間內之累計保險金額為新臺幣二百萬元整。

(四)被保險人自負額：

每一次事故賠款被保險人自負額新臺幣一萬元整。

㈤基本保險費率：

依據本承保辦法第四條基本保險金額及第五條被保險人自負額所訂定之基本保險費率公式如下：(單位：新臺幣元)

費率公式：

全年保險費＝基數2000＋(執業會計師每人3000×人數)＋

(助理人員及高級職員每人1500×人數)＋

(其他員工每人500×人數)

㈥增加保險金額後之保險費率表：

保險金額單位：百萬元	每一次事故賠款之保險金額	1	2	3	4	5	10
	保險期間內之累計保險金額	2	4	6	8	10	20
費率倍數		1.00	1.55	2.00	2.40	2.75	4.00

㈦保險費率之增減：

1.加保第三人證據文件損失責任險加費：

按全年應收保險費加收百分之十五。

2.提高自負額減費：

⑴自負額提高爲新臺幣二萬元者，按全年保險費減收百分之五。

⑵自負額提高爲新臺幣五萬元者，按全年保險費減收百分之十五。

⑶自負額提高爲新臺幣十萬元者，按全年保險費減收百分之三十。

㈧保險期間:

本保險之保險期間訂爲一年。

本章摘要

　　民事責任,主要包括侵權行爲及契約責任。由於侵權行爲在經濟、科技與社會之快速變遷下,再復以法制與自由民主思潮之演進,益形重視人權之保障,致使企業、家庭與個人因侵害他人身體或財產而承負之賠償責任,不僅其種類或性質,均較過去爲多,同時亦日趨複雜。並且其發生頻率日益昇高,賠償幅度更漸趨膨脹。

　　然而侵權行爲之法律責任法制並不能保證受害者能得到賠償,且損害之無常,責任之無限,使個人、家庭或企業無可計算其多寡有無,資力弱者固無法支持,縱有資力者亦窮於應付,各項經濟與社會活動因而萎縮,亦是大家所不願見。責任保險即應時而生,將損害塡補之責任透過危險之分散,損失分攤之保險技術,分配於整個社會大衆,因此有所謂責任保險乃是「損害賠償之社會化」之具體表現。

　　在「危險社會化」之理想下,責任保險取代了侵權行爲責任,此種發展之結果,顯然是其優於侵權行爲之責任。在侵權行爲責任與責任保險之比較中,侵權行爲責任最大之缺點,乃在無法保證受害人得到賠償,其次在侵權行爲中,當事人有加害人及受害人兩造,往往在賠償責任之認定中產生加害人免責或過失相抵之法律辯證,構成受害人不能得償之債權,進而影響安定社會秩序之功能。

　　損害賠償事件直接影響雙方當事人之生活及經濟，間接影響社會秩序、安全和融洽。解決之道，基本上是根絕賠償事件之發生。但在繁雜的現代經濟社會中絕無可能，退而求其次乃在提供加害人償債能力及保障受害人權益之機能，故以責任保險作爲補救亦不失爲一可行之方法。

　　責任危險種類繁多，通常可分爲企業責任、職業責任與個人責任三種。企業責任危險係指工商企業從事製造或商業活動，因業務上之行爲所發生之損害賠償責任，包括公共責任、契約責任、業主地主及租戶責任、製造廠商及承包人責任、產品或已完成的製造責任等。職業責任乃專門技術人員因提供專業服務所引致對第三人之損害賠償責任，可分爲醫師、律師與會計師等專業責任。至於個人責任則爲家庭或個人因財產之取得、維護或使用之行爲所致對他人之損害賠償責任。

　　按責任保險乃承保被保險人對他人之損害賠償責任，其被害人爲責任保險契約當事人之外之第三人，或爲被保險人之受僱人，或爲受僱人以外之其他人。由於責任危險不僅種類繁多，其性質又甚複雜，倘對責任保險分別細分各項險種之設計與承保，無論就企業、家庭或個人管理或保險人經營理念，均難期周延而經濟，因此，如何設計一項綜合責任保單，涵蓋了上列三種危險，此乃今後責任保險發展之重要課題。

本章習題

一、何謂一般侵權行爲，其要件爲何？

二、特殊侵權行爲之意義爲何？有那些？請均說明之。

三、責任保險之保險事故成立之要件有那些？請列舉之。

四、責任保險契約對雙方當事人之效力爲何？

五、公共意外責任保險之特性有那些？

六、營繕承包人公共意外責任保險特別不保事項爲何？

七、產品責任保險之功用爲何？

八、請略述我國產品責任保險之內容。

九、請略述醫師業務責任保險之內容。

十、請略述會計師責任保險之內容。

第六章　工程保險

第一節　工程保險之意義與功能

在現今社會裏，每一項工程無論在施工時或完工後，都可能遭受到意外的損失。同樣的，各式各樣的機器不論在安裝試車時或完工運轉時，也可能遭受到意外的破壞。因此，工程保險(Engineering Insurance)遂應運而生，其工程保險的意義在於收取適當合理的保險費以提供被保險人妥善的保障，並且間接促進國家社會的進步和經濟工業的繁榮。同時在購買工程保險時亦可得到兩個好處，第一是保險費可事先確知，對投標前或營運前之利潤計算都有相當的助益；第二是所繳交的保險費可以列入免稅的項目。

工程保險可說起源於工業革命後的十九世紀之英國，其中以鍋爐保險(Boiler & Pressure Vessel Insurance, BPV)的發展為最早。而我國的工程保險係由德國慕尼黑再保險公司(Munich Reinsurance Company)，於民國五十三年首先引進，發展的時間甚晚，且發展的程序與歐美不同，我國是先有營造綜合保險(Contraction's All Risks Insurance, CAR)和安

裝工程綜合保險（Erection All Risks Insurance, EAR）二種，且其保險單條款及特約條款皆以慕尼黑再保險公司的條款為藍本，另參酌日本及英國保單的優點，再配合國情與現實需要制定而成。

依據我國保險法，工程保險是屬財產保險中的其他財產保險。而在保險公司裏，有的隸屬於火災保險，或為意外保險，或另設新種保險部門來辦。目前國內開辦的工程保險計有六種，即營造綜合保險、安裝工程綜合保險、營建機具綜合保險（Contractor's Plant & Machinery Insurance, CPM）、機械保險（Machinery Breakdown Insurance, MI）、鍋爐保險（Boiler & Pressure Vessel Insurance, BPV）及電子設備保險（Electronic Equipment Insurance, EEI），僅將各險 於下列各節逐一介紹。

第二節　營造綜合保險

一、前言

營造綜合保險自民國五十三年開辦以來，至今已有二十八年歷史，為工程保險中發展最早也最成功的險種之一，而且目前保費收入約佔全部工程保險的百分之六十左右，其成功可說是得力於各級政府興建工程的採用。

二、被保險人

定作人（principal or owner）或領有營業執照之承包營造廠商（sub-contractor）。

三、承保對象

凡由領有營業執照廠商興建、改建或擴建之各種土木及建築

工程，皆爲本保險之承保對象，列舉如下：

（一）土木工程：

如防洪、灌溉、排水、碼頭、水壩、管線、機場、道路及隧道等工程。

（二）建築工程：

如住宅、店舖、辦公大樓、醫院、餐旅館、娛樂場所、會堂、廠房、停車場及倉庫等工程。

四、保險標的物

營造綜合保險承保的標的可分爲三種：

（一）營造工程及其臨時工程：

營造工程即各種建築土木工程，至於臨時工程係指爲營建工程本體所需之臨時性工程，如臨時擋排水、便道、便橋、鷹架及臨時支撐擋土設備以及置存於工地之工程材料等。

（二）施工機具設備：

爲營造工程所需之施工機器、設備、器具及工具等。

（三）拆除清理費用：

爲發生承保事故後拆除或破壞不能修復之損毀標的物費用，清理土石泥砂、雜物、廢棄物之費用及搬運至丟棄地點之費用。

五、承保範圍

（一）營造工程綜合損失險：

本保險單之特色爲概括式之綜合保險，凡保險標的物在保險處所，於保險期間內因突發而不可預計之意外事故所致之毀損或滅失，需予修復或重置時，除保險單載明不保事項外，對保險人負賠償之責。其主要承保危險事故如下：

1.天災：包括颱風、颶風、洪水、漲水、雨水、地震、火山

爆發、浪潮、海嘯、土崩、岩崩及地陷等天然災害。

2.火災、閃電、雷電、爆炸及航空器墜落等。

3.偷竊、竊盜及第三人惡意行為。

4.材料瑕疵、施工缺陷及機具缺陷所致之意外事故。

㈡第三人意外責任險：

被保險人為營造保險單所承保之工程，在本保險單所載施工處所，於保險期間內發生意外事故，致第三人死亡或受有體傷或第三人財物受有損害，被保險人依法應負賠償責任，而受賠償請求時，除保險單載明不保事項外，承保公司對被保險人負賠償之責。

六、不保事項

㈠一般不保事項（無論營造工程綜合損失險或第三人意外責任險因下列事故所致者均不保在內）：

1.戰爭(無論宣戰與否)、類似戰爭行為、叛亂或強力霸佔等。

2.罷工、暴動、民眾騷擾。

3.政治團體或民眾團體之唆使或與之有關人員所為之破壞或惡意行為。

4.政府或治安當局之命令所為之扣押、沒收、徵用、充公或破壞。

5.核子反應、核子輻射或放射性污染。

6.被保險人或其代理人之故意、重大過失或違法行為。

7.工程之一部分或全部停頓。

㈡營造工程綜合損失險之不保事項：

1.任何附帶損失，包括貶值、不能使用、工程合約所定違約金、罰鍰以及延滯完工、撤銷合約、或不履行合約之損失。

2.因工程規劃、設計或施工規劃之錯誤或遺漏所致之毀損或滅失。

3.直接因材料材質瑕疵、使用不合規定材料、施工不良所需之置換、修理及改良費用。但因上述原因導致保險單所承保之其他保險標的毀損或滅失不在此限。

4.保險標的之腐蝕、氧化、銹垢、變質或其他耗賠。

5.各種文稿、證件、圖說、貨幣、股票、債券、郵票、印花稅票、票據及其他有價證券之毀損或滅失。

6.任何維護或保養費用。

7.清點或盤存時所發現任何保險標的之失落或短少。

8.衣李、家具及營業生財器具。但約定並載明於本保險單者不在此限。

9.下列財物之毀損或滅失：

⑴各種船隻、航空器及其裝載之財物。

⑵領有公路行車執照之車輛及其裝載之財物。但車輛在施工處所用作施工機具，經約定並載明於本保單且未投保汽車車輛損失險者不在此限。

10.施工機具設備之下列損失：

⑴機具設備本身之機械性或電氣性損壞、故障、斷裂、失靈及因冷卻劑或其他流體凍結、潤滑不良、缺油或冷卻劑直接所致之毀損或滅失。

⑵鍋爐或壓力容器因內部蒸氣或流體壓力發生爆炸及內燃機爆炸所致之毀損或滅失。

⑶因任何試驗或用於非原設計用途時發生之毀損或滅失。

⑷製造或供應廠商依法或依約應賠償之損失。

㈢第三人意外責任險之不保事項：

1.因下列原因損害第三人土地、建築物或其他財物所致之賠償責任。但經約定並載明於保險單者不在此限。

⑴土地下陷、隆起、移動、震動或土砂崩坍陷落。

⑵地層軟弱或土砂流動。

⑶地下水增加或減少。

⑷基礎擋土或支撐設施之薄弱或移動。

2.被保險人、定作人或與保險單承保之營造工程有關廠商，或上述人員之代理人、受僱人或家屬之體傷或疾病。

3.被保險人、定作人或與保險單承保之營造工程有關廠商，或上述人員之代理人、受僱人或家屬所有、保管、管理使用之財物，發生毀損或滅失之賠償責任。

4.依工程性質、施工程序或方法爲不可避免之賠償責任。

5.因所有、保管、管理或使用下列財物所致之賠償責任：

⑴各種船隻、航空器及其裝載之財物。

⑵領有公路行車執照之車輛及其裝載之財物。但車輛在施工處所用作工機具，且未投保汽車車輛第三人意外責任險者不在此限。

6.因損害管線、管路、線路、或其有關設施所致任何附帶損失。

7.被保險人對第三人允諾或要約所增加之賠償責任。

七、保險期間

一般是以工程合約所訂之起迄期間或預定之施工期間爲保險期間，但保險公司之保險責任開始於保險標的物卸置於施工處所後，而終止於工程啓用、接管、驗收或保期屆滿之日，並以先屆

期者爲準。

八、保險金額

(一)營造工程及其臨時工程：

應爲工程完工時之總工程費，包括定作人供應之材料。

(二)施工機具：

應爲重置價格，係指重新置換與保險標的物同一廠牌、型式、規格、性能或相類似機具之新品價格；包括出廠價格、運費、關稅、安裝費用及其他必要費用。

(三)拆除清理費用：

爲約定之賠償限額。

(四)第三人意外責任險：

可視需要分別約定每一個人及每一事故人員體傷死亡之賠償限額，每一事故財物損害之賠償限額及保險期間內累積之最高賠償限額。

九、費率訂定之因素

(一)營造工程綜合損失險：

依工程種類、性質、施工地點、期間、季節、施工方法、安全措施、保險金額及自負額高低等因素所決定。

(二)施工機具設備：

依機具種類、規格、用途、廠牌、年份、施工地點、時間、保險金額及自負額高低等因素所訂定。

(三)第三人意外責任險：

除與營造工程綜合損失險之決定因素相同外，並應考慮施工處所範圍內或附近是否有第三人財產或周圍環境等因素。

第三節　安裝工程綜合保險

一、前言

安裝工程綜合保險在我國雖比營造保險推行爲遲，但其發展的速度卻很快，主要原因乃爲大部分之安裝工程都由外國廠商負責，而他們都具有保險的觀念。近幾年來國內的大小安裝工程購買保險的不少，不過由本國廠商負責安裝的投保並不多，而且目前業務大部分仍侷限於公家機構指定投保或有銀行貸款部分；可見這種保險仍待推廣。

二、承保對象

以機械設備之製造廠商或供應廠商或定作人爲要保人及被保險人，或以上述關係廠商或定作人併列爲共同被保險人。

三、保險標的物

㈠安裝工程：

1. 安裝標的物。
2. 運費。
3. 關稅。
4. 安裝費用。
5. 附屬工程。

㈡屬於定作人或被保險人所經營存放定作人處或施工處之財物。

㈢拆除清理費用。

四、承保範圍

承保範圍分爲安裝工程綜合損失險及第三人意外責任險二

種，其與營造綜合險大致相同。另外亦可以附加保僱主意外責任險為其附加險。

五、不保事項

　　(一)一般不保事項：

　　1.戰爭(無論宣戰與否)、類似戰爭行為、叛亂或強力霸佔等。

　　2.罷工、暴動、民衆騷擾。但得經特別約定承保之。

　　3.政治團體或民衆團體之唆使或與之有關人員所為之破壞或惡意行為。

　　4.政府或治安當局之命令所為之扣押、沒收、徵用、充公或破壞。

　　5.核子反應、核子輻射或放射性污染。

　　6.被保險人或其代理人之故意、重大過失或違法行為。

　　(二)安裝工程綜合損失險之不保事項：

　　1.設計錯誤、材料瑕疵、鑄造缺陷、工作不良所致之毀損或滅失。但安裝錯誤所致之毀損或滅失不在此限。

　　2.自然耗損、腐蝕、氧化、銹垢。

　　3.直接或間接因火山爆發所致之毀損或滅失。

　　4.直接或間接因地震或土地坍塌陷落所致之毀損或滅失。但得經特別約定承保之。

　　5.被保險財物之毀損或滅失所致之任何附帶損失，包括延滯完工或驗交、不能完工、違約解約、貶值、無法使用、操作不便、外型不良所致之罰款或損失。

　　6.包裝物之毀損或滅失。

　　7.卷宗、圖說、帳冊、收據、借據、印花稅票、本票、支票、匯票、現鈔及其他有價證券之毀損或滅失。

8.清點或盤存時所發現之損失。

㈢第三人意外責任險之不保事項:

1.被保險人、定作人或與保險標的物之安裝工程有關廠商、或上列人員之代理人、受僱人或家屬,受有體傷、死亡或疾病所發生之賠償責任。

2.被保險人、定作人或與保險標的物之安裝工程有關廠商、或上列人員之代理人、受僱人或家屬所有歸其保管或調配使用之財物, 受有損害所發生之賠償責任。

3.飛機、船隻或機動車輛發生意外事故所致之賠償責任。

4.被保險人對第三人允諾或要約所增加之賠償責任。

六、保險期間

保險公司之保險責任自保險標的物卸置於施工處所後開始,至定作人接收或至第一次試車或負荷完畢時終止。此項試車或負荷試驗之期間概以二十八天爲限。

七、保險金額

安裝工程之保險金額應爲保險標的物在安裝完成時之總價格,包括運費、關稅、安裝費用及附屬工程。其中若有舊機器設備,其保險金額乃應爲重置價格。

八、費率訂定之因素

決定安裝工程綜合險費率之因素大致與營造險相似,如工程種類、性質、安裝工程之技術規範、施工期間、季節、施工地點、工地安全及消防設施、保險金額及自負額高低等因素。

第四節　營建機具綜合保險

一、前言

雖然營建機具可在營造綜合險及安裝工程綜合險內加保，但是由於各項施工地點之不同，有時一部機具須於數個工地來往，或工程施工期短，因此，單獨購買一張營建機具綜合保險以承保業主之營建機具，反而較有利。此險自民國六十九年開辦後初期幾年頗受歡迎，成長快速，但目前因逆選擇業務太多，導致業務反而萎縮。

二、承保對象

機具設備之所有人、提供貸款人、出租人、承租人及其他對保險標的有保險利益者。

三、保險標的物

工程上所使用於挖掘、搬運、裝載、輾壓、起重、碎石、混凝土、電氣、動力等之機械、設備、機具等皆是。

四、承保範圍

分為機具綜合損失險及第三人意外責任險二種，其亦與營造險、安裝險大致相同。

五、不保事項

(一)一般不保事項：

其與安裝險之一般不保事項相同。

(二)機具綜合損失險之不保事項：

1.保險標的物機械性或電氣性損壞、故障、斷裂、失靈，及因冷卻劑或其他流體凍結、潤滑不良、缺油或缺冷卻劑等直接所

致之毀損或滅失。

2.可替換之零件或配件如鑽、錐、刀具或其他切割之刀面、鋸條、模具、壓磨面或壓碎面、篩、皮帶、繩索、鋼纜、鏈條、輸送帶、電池、輪胎、電線、電纜、軟管、按期更換之接頭或襯墊等之毀損或滅失，但與本體同時所受之毀損或滅失不在此限。

3.燃料、觸媒、冷卻劑及潤滑油料之毀損或滅失。

4.因鍋爐或壓力容器內部蒸氣或流體壓力發生爆炸及內燃機爆炸所致之毀損或滅失。

5.要保人或被保險人或其受僱人之故意或重大疏忽將保險標的物於臨海地區，任由海潮侵蝕所致之毀損或滅失。

6.除經特別約定載明於保險單外，保險標的物於運輸中所發生之毀損或滅失。

7.保險標的物之磨損、腐蝕、氧化、銹垢、變質及其他耗損。

8.保險標的物從事任何試驗或保險單所載工作項目無關之使用時發生之毀損或滅失。

9.除經特別約定載明於保險單外，保險標的物使用於地面之下或載浮於水上時所發生之毀損或滅失。

10.要保人或被保險人或其受僱人明知或可得而知保險標的物之瑕疵、缺陷或其所致之毀損或滅失。

11.保險標的物製造或供應廠商依法或依約應負責賠償之毀損或滅失。

12.任何維護或保養費用。

13.清點或盤存時或例行檢修時發現之損失。

14.任何附帶損失，包括貶值、不能使用、違約金、罰鍰、延滯完工、撤銷合約、或不履行合約等之損失。

㈢第三人意外責任險不保事項：

　1.被保險人或與保險標的物從事之工作有關廠商，或上述人員之代理人或受僱人之體傷、死亡或疾病。

　2.被保險人或與保險標的物從事之工作有關廠商，或上述人員之代理人或受僱人或家屬所有、保管、管理使用之財物，發生毀損或滅失之賠償責任。

　3.因損害管線、管路、線路、或其有關設備所致之任何附帶損失。

　4.被保險人對第三人允諾或要約所增加之賠償責任。

　5.保險標的物因其本身及其裝載物之重量或震動所致橋樑、道路或計量臺之毀損或滅失。

　6.除經特別約定載明於保險單外，因下列原因損害第三人土地、建築物、設施或其他財物所致之賠償責任：

　⑴土地下陷、隆起、移動、震動或土砂崩坍陷落。

　⑵地層軟弱或土砂流動。

　⑶地下水增加或減少。

　⑷基礎擋土或支撐設施之薄弱或移動。

六、保險金額

　為保險標的物之重置價格，即為重新置換與該標的物同一廠牌、型式、規格及性能或相類似機具之新品價格，其內容包括關稅、運費、安裝費用及其他必要費用。

七、費率訂定之因素

　費率之釐定主要得視機具使用人、廠牌、型式、年份、使用處所、工作性質、投保金額而定。

第五節　機械保險

一、前言

現今傳統式機器已漸爲自動化、數值控制及電腦輔助控制的精密機器所取代，雖可節省不少人力，但在操作上卻日趨複雜，因操作疏忽所造成的機械故障損失，佔了很大比例。故今日的機械保險乃保障機械在操作中、停止或拆卸維修重組時免受意外之損失，間接促進了工業化的進展。機械保險自民國六十六年在我國開辦以來，至今仍舊停滯不前，探究其原因，係爲被保險人未能預期從保險中得到技術性之回饋服務。

二、承保對象

機械之所有人、提供貸款人、出租人、承租人或其他對保險標的物有保險利益者。

三、保險標的物

舉凡各種原動機械設備、生產製造設備或工作母機、施工機具等均是，但皆限於以安裝完工經試車或負荷試驗合格並經正式操作者爲限。

四、承保範圍

保險標的物在保險單所載處所於保險期間內，因下列原因發生不可預料及突發之事故，所致之損失，需予修理或重置時，保險公司對保險人負賠償之責：

　　㈠設計不當。

　　㈡材料、材質或尺度的缺陷。

　　㈢製造、裝配或安裝之缺陷。

㈣操作不良、疏忽或怠工。

㈤鍋爐缺水。

㈥物理性爆炸、電器短路、電弧或離心作用造成之撕裂。

㈦不屬保險契約特別載明為不保事項之任何其他原因。

五、不保事項

保險公司對下列事項不負賠償責任：

㈠直接因閃電、直接或間接因火災、撲滅火災、或因上述原因所需之清理或拆除費用、化學性爆炸（但鍋爐爐膛內之氣體爆炸除外）、煙燻、積灰、積垢、竊盜或土崩、海嘯、海潮、各種風暴（如：旋風、颶風、颱風等）等天然災害及各型舟車、航空器之碰撞所引起之損失。

㈡皮帶、繩索、金屬線、鍊條、橡皮輪胎、模具或可替換之工具、侵蝕之滾筒、玻璃製品、陶瓷器、襯墊、油毛毯、篩、編織物及各種工作煤質（如潤滑油、燃料、觸煤劑）等之損失。

㈢直接或間接因下列原因所致之損失：

1.戰爭(無論宣戰與否)、類似戰爭行為、叛亂或強力霸佔等。

2.罷工、暴動、民眾騷擾。

3.政治團體或民眾團體之唆使或與之有關人員所為之破壞或惡意行為。

4.政府或治安當局之命令所為之扣押、沒收、徵用、充公或破壞。

5.核子反應、核子輻射或放射性污染。

㈣保險標的物於本保險契約生效前已有為被保險人或各該保險標的物之主管人員已知悉或應知之缺陷或瑕疵（不論保險公司知悉與否）所致之損失。

(五)被保險人或其代表人之故意、重大過失或違法行爲所致之損失。

(六)機械供應廠商或製造廠商依法或依合約規定應負責賠償之損失。

(七)保險標的物之磨損、孔蝕、沖蝕、腐蝕、銹蝕、鍋垢及其他耗損。

(八)保險事故發生後之任何附帶損失或責任。

六、保險金額

保險金額爲保險標的物之重置價格，與營建機具綜合保險相同。

七、費率訂定之因素

機械之廠牌、製造年份、運轉速度、操作溫度和壓力、從事工業種類、保險金額、人員素質及維護管理情形皆爲釐定費率考慮之因素。

第六節　鍋爐保險

一、前言

工程保險係由鍋爐保險開始，而如今在國外之保險公司爲求危險分散，大都推廣承保範圍較廣之機械保險，並將鍋爐及壓力容器包括在內。反觀，在國內鍋爐保險反較機械保險推廣成功，但投保率卻不及十分之一，顯然還有相當大的市場潛力。

二、承保對象

業主或提供貸款之銀行或金融機構。

三、保險標的物

(一)鍋爐及壓力容器本身。

(二)附屬裝置及鄰近財物。

(三)第三人意外責任。

又在要保本保險時須詳填鍋爐各項資料，如製造廠商、年份、型式、尺寸大小、出氣量、壓力、傳熱面積、使用燃料等。

四、承保範圍

分為鍋爐損失保險及第三人意外責任保險二種，其前者係承保鍋爐或壓力容器於正常操作中發生爆炸或壓潰所致之毀損或滅失。所謂壓潰係指鍋爐或容器及配件受外部蒸氣或液體壓力所致之突然與危險彎曲變形。

五、不保事項

(一)一般不保事項：

其與安裝險及營建機具綜合險之一般不保事項相同。

(二)鍋爐損失保險之不保事項：

1.凡保險標的因滲漏、腐蝕、或燃料作用致物料磨損或耗損，零件起槽或破裂、自然耗損、裂痕、起泡、疊層及裂隙等瑕疵，蒸氣或給水管接頭之破裂或衰退，管件受熱膨出及變形，鑄鐵製造部份開裂。但上述瑕疵，破裂或衰退、膨出及變形因爆炸或壓潰所致者除外。

2.鍋爐、過熱器及節熱器內個別管件之衰退。但爆炸或壓潰所致者除外。

3.因工作停止所致之損失。

4.因任何試驗所致之毀損。但試驗壓力未超過檢查單位所准許之最高壓力者除外。

5.直接或間接因火災、閃電、雷擊、拋擲或墜落物、偷竊、

颱風、洪水、地震、火山爆發、土地坍塌陷落及其他自然災變所致之毀損。

6.本保險契約簽定時，要保人或被保險人知保險標的已發生本保險約定危險事故之毀損者。

㈢第三人意外責任險之不保事項：

1.被保險人及其受僱人或家屬因爆炸或壓潰所致之體傷或死亡所發生之賠償責任。

2.被保險人自有、代人保管或管理之財物因爆炸或壓潰引起之火災，或任何原因所致之毀損。但得經特別約定承保之。

3.被保險人對第三人允諾或要約所增加之賠償責任。

六、費率訂定之因素

費率釐訂所考慮之因素有鍋爐或壓力容器之種類、使用壓力、蒸發量、使用性質、製造年份、燃料種類、保險金額及操作經驗等。

第七節　電子設備保險

一、前言

由於電子學理論之應用，使得新的電子設備不斷推出，尤其是在電腦方面，故電子設備保險單的制訂可以說是以電腦為主幹。目前電子設備保險已成為工程保險中僅次於營造及安裝保險之險種。

二、保險標的物

電子設備之保險標的物可為電腦及周邊設備、輔助設計或監視控制設備、製造設備、通訊設備及其他精密設備，但限於已試

車或負荷試驗合格，並經正式操作者爲限。其可分爲電子設備本體綜合損失險，外在資料儲存體綜合損失險及額外費用險等三種。

三、承保範圍

(一)電子設備本體綜合損失險：

保險單所載之電子設備本體在保險單所載處所，於保險期間內，因突發而不可預料之意外事故所致之毀損或滅失，除保險單所載明除外不保事項，保險公司對被保險人負賠償之責。

(二)外在資料儲存體綜合損失險：

保險單所載之外在資料儲存體在保險單所載處所，於保險期間內，因突發而不可預料之意外事故所致之毀損或滅失，除保險單所載明除外不保事項，保險公司對被保險人負賠償之責。

(三)額外費用險：

在保險單所載處所，於保險期間內，如保險標的物遭受第一條之承保事故而受毀損或滅失，爲繼續原有作業所增加之費用，除保險單所載明除外不保事項，保險公司對被保險人負賠償之責。

四、不保事項

(一)一般不保事項：

其與安裝險之一般不保事項相同。

(二)電子設備本體綜合損失險及外在資料儲存體綜合損失險之不保事項：

1.直接或間接因天災所致毀損或滅失。

本款所稱「天災」係指因颱風、洪水、地震、火山爆發、浪潮、海嘯、山崩、岩崩、地陷等所引起之天然災變而言。地震在連續七十二小時內發生一次以上時，視同一次事故。

2.直接或間接因竊盜所致之毀損或滅失。

3.直接或間接因瓦斯、自來水或電力之服務或供給之中斷所致之毀損或滅失。

4.保險標的物之磨損、腐蝕、氧化、銹垢、變質及其他耗損。

5.排除作業上障礙之費用,但該費用如係因承保事故所致者,不在此限。

6.因維護所產生之費用, 包括維護時所須置換之零件。

7.保險標的物製造及供應商依法或依約應負責賠償之毀損或滅失。

8.承租設備之毀損或滅失, 如係所有權人依法或租賃合約或維護契約所應負之責任。

9.任何間接之損失。

10.經常需要更換之零件或物件如燈泡、眞空管、玻璃管、橡皮墊圈、繩線、皮帶、鍊條、篩、玻璃陶瓷、潤滑劑、觸媒等。

11.保險標的物表面美觀缺陷, 如脫漆等。

但上述10.及11.項所規定者如係因承保事故所致者, 則不在此限。

㈢額外費用險之不保事項:

1.政府當局對所承保之電子設備重造或所加之限制而產生之任何增加的費用。

2.被保險人在修護或置換承保之電子設備時, 不能及時付出必要款項所產生之任何增加的費用。

五、保險金額

㈠電子設備本體:

應爲重置價格。

㈡外在資料儲存體:

為一約定之金額，其包括資料複製費用及材料。

㈢額外費用：

應為使用替代電子設備一年內所需增加支出之租金、員工加班等人事費用及文件或外在資料儲存體之運費。

六、保險期間

電子設備保險之期間通常為一年，但在未到期前可付保費續保之。

七、費率訂定之因素

依保險標的物之種類、廠牌、使用性質、危險程度及保險金額釐定。

本章摘要

工程保險起源於工業革命後的十九世紀之英國，最早之發展係以鍋爐保險為主，以後因各項新型機具與各類工程之開辦，逐漸擴大工程保險之種類，目前工程保險主要之項目有營造綜合保險、安裝工程綜合保險、營造機具綜合保險、機械保險、鍋爐保險及電子設備保險等六種。

工程保險所涵蓋之內容可說是非常廣泛，再加上各項新產品、新生產技術等之發明，均使工程保險面臨業務上之挑戰性，僅以保險之學理上來討論是不夠的，還須配合各類工程技術專家之協助，方能使此項保險得以順利推廣。

工程保險大都均為綜合保險，亦即包括了財產損失險及第三人責任險，故在承保與不保項目有兩者均適用者，亦有分別適用者，均在本章中詳加敘述。而也由於內容之複雜，故在費率訂定

方面也須參照各項保險之特色而有所不同。

　　另外，在核保技術方面，除一般保險之基本核保技術外，在工程方面尤以須輔以工程合約、圖說、機械清單、工地水文、地質、環境、施工時間表、工地觀察、自然環境等資料作爲核保時之參考。在理賠時，財產損失險部分大多以重置價值爲準。

　　最後，由於當前科技之日新月異，在從事工程保險時仍須隨時注意吸收各種新知識，才能對工程保險有更深的瞭解。

本章習題

一、營造綜合保險之承保範圍可分爲那兩類？其內容爲何？請說明之。

二、試分析營造綜合保險費率訂定之因素。

三、安裝工程綜合保險費率訂定之因素？

四、營建機具綜合保險之保險金額與費率訂定之內容爲何？

五、機械保險不保事項有那些？請說明之。

六、鍋爐保險不保事項有那些？請說明之。

七、電子設備保險之承保範圍分爲那幾類？並敍述其內容。

第七章　航空保險

第一節　航空保險之概述

航空保險 (aviation insurance) 首先發生在第一次世界大戰之前一年，當時所承保之範圍僅限於責任險及墜毀險，後來由於航空及太空科技之快速發展，航空保險之需要更形殷切。

英國倫敦保險市場為目前承保航空保險之最大市場，以 Doyd's 為主，其中尤以 B.A.I.C. (British Aviation Insurance Company) 之承受量為最大。該公司成立於1931年，係由 British Aviation Insurance Group 與 Doyd's Underwriters 及 Union of Canton 所組成。全世界幾乎有80%大型飛機之保險均由該公司所承保。我國是從民國五十六年起，由臺產、中國及太平等三家保險公司共同承保中華航空公司之第一架波音727型噴射客機之航空保險，國內保險業才正式承保航空保險業務。

第二節　航空保險之種類與核保因素

航空保險是承保與航空運輸有關之保險，且由於近代航空運

輸各方面之突飛猛進，故目前之航空保險的承保範圍除了財物之損害及賠償責任以外，尚包括了意外傷害及費用保險在內。其種類列舉如下：

1. 飛機機體保險。
2. 航空運送保險。
3. 飛機裝備、預備零件保險。
4. 第三者賠償責任保險。
5. 乘客賠償責任保險。
6. 第三者及乘客總括賠償責任保險。
7. 貨物賠償責任保險。
8. 飛機場管理人賠償責任保險。
9. 飛機保管業者賠償責任保險。
10. 製造業者、修理業者賠償責任保險。
11. 乘客、服務員傷害保險。
12. 搜索救助費用保險。
13. 航空保險費保險。
14. 人造衛星保險。

至於核保因素方面，其決定航空險費率之因素甚多，今舉重要事項如下：

1. 被保險飛機從事於何種用途。如直昇機用於救災、救火及噴灑農藥者等均屬於高危險工作，故損失率必定較高。
2. 被保險人之經營情形是否良好，其包含維修工作。
3. 被保險飛機之型態及價值等。
4. 飛行人員之飛行經驗。
5. 飛行地區及範圍。

6.自負額之多寡。

7.責任限額之高低。此即指第三者責任保險及乘客保險而言。

8.保費付款之方式。如一次付費可享受優待折扣。

第三節　飛機機體保險

一、承保範圍

飛機機體保險（aircraft hill insurance）所承保之飛機，除機體本身外，並包括推進器、引擎、其他附屬機件及設備在內，此外並承保飛機在飛行（flight）、滑行（taxying）及停於地面（ground）時發生意外事故所致之毀損或滅失，即承保機體全險（all risk），而所謂「全險」，係指除「不保事項」所列舉不保者外，皆承保在內。

二、不保事項

航空機體保險，在保險單中所載明之不保事項頗多，其主要者如下：

㈠使用目的及飛行地區超出約定範圍所致之損失。

㈡因自然損耗、機件故障或結構失靈、戰爭或類似戰爭行為、罷工、暴動、民眾騷擾。

㈢違反航空法規所致之損失。

㈣非保單內指名駕駛員所致之損失。

㈤由於政治上或軍事上理由，劫奪、拘押、捕獲、禁制及扣留等所致之損失。

三、保險金額及自負額

機體保險之保險金額採取「約定價值」（agreed value）方式，

屬於定值保險性質，起保時應儘可能接近實際價值而承保，但發生全損時，則按保險金賠償，不必扣除折舊部分。

另一方面機體保險之自負額大部分約爲保險金額之百分之一，並有最低金額之限制。由於自負額甚高，被保險人多要求保險公司透過不同的再保險市場安排「機體自負額保險」(hill deductible insurance)，即加付保費以降低自負額。

四、保險費率

航空機體保險之費率計算，與其他財產保險不同，並無共同之費率表可適用，大部分決定於核保人員之判斷，其以年齡、型式、大小及用途等四種爲基礎。

㈠年齡高低方面：是以出廠及使用期間爲標準。

㈡型式方面：有陸上機與水上機之主要區別。

㈢大小方面：以機體總重量一萬磅爲基準，以下者爲輕型飛機，以上者爲重型飛機。

㈣用途方面：以飛機出租與否爲標準。

第四節　飛機責任保險

一、承保範圍

飛機責任保險 (aricraft liability insurance) 之承保範圍，係承保飛機因所有、維護或使用所致他人身體或財物之損害賠償責任，並包括緊急救護費用、調查費用及訴訟費用，其可分爲四大部分：

㈠飛機第三人責任保險 (aircraft third party legal liability)，係承保被保險人因所有或使用被保險飛機發生意外事故致

第三人傷亡或財物受有損失依法應負之賠償責任。

　　㈡乘客責任保險（passenger legal liability），係承保被保險飛機之乘客因意外傷亡或其行李毀損或滅失依法應負之賠償責任。

　　㈢貨物及郵件責任保險（cargo and mail legal liability），係承保被保險人依契約承運之貨物及郵件因意外毀損或滅失應負之賠償責任。

　　㈣一般第三人責任保險（general third party legal liability），乃承保被保險人因經營航空業務而在各地機場可能發生之賠償責任。

二、保險金額及費率

　　飛機責任保險之保險金額即賠償責任限額（limit of liability），多採用「合併單一總限額」（combined single limit，簡寫爲 CSL），乃同一保險金額適用於同一保險單所承保之各種責任險，目前每一架飛機之每一次意外事故保險金額多在美金三億元至五億元之間。

　　在費率計算方面，除「貨物及郵件責任保險」一項另行加費外，其餘各種責任險均採用合併單一費率，即按實際「收費乘客飛行哩數」（revenue passenger miles，簡寫爲 RPM）計算。

第五節　飛機場責任保險

一、承保範圍

　　飛機場責任保險（airport liability insurance）又稱爲「機場所有人及經營人責任保險」，本保險之承保範圍包括三大項，即

如下：

㈠被保險人或其受僱人在飛機場範圍內，因經營業務之疏忽或過失，或因機場設備之缺陷，或保養、管理之缺失而導致發生意外事故，或因供應食物、飲料致第三人食用發生傷亡事故。

㈡被保險人或其受僱人所製造、改建、修理、供應或出售之產品，自該產品脫離被保險人或其受僱人之控制後，因發生意外事故所致第三人之傷亡或財物損失應負之賠償責任——即被保險人之產品責任險。

㈢在機場範圍內之飛機或航空器材，由被保險人或其受僱人負責看管、保養、管理、服務或處理時發生意外事故致該飛機或航空器材毀損或滅失。

二、承保對象

飛機場責任保險之承保對象較為廣泛，除機場所有人（owner）或管理當局（如我國之民航局）可投保外，一般機場經營人（operator）如機場修護公司、飛機保養修護公司、飛機油料供應公司等，亦可為承保對象。

三、保險金額

飛機場責任保險之保險金額與飛機責任保險之保險金額相當類似。

本章摘要

人類演進之歷史可說是人類為實現其理想與美夢的故事，而這種境界之達成隨著近代航空科技之急遽發展更加接近，天涯若比鄰，四海共一家之地球村也因為航空事業的發達而可及，因此，

航空保險之範圍亦日益擴增。

　　一般而言，航空保險乃運輸保險之範疇，但具有國際性、高保額及危險性等特點，故單獨以航空保險專章予以討論。通常其承保範圍除了財物之損害及賠償責任外，尚包括了意外傷害及費用補償在內，就其保險標的而言，其主要可分爲飛機機體保險、飛機責任保險及飛機場責任保險等三種。

　　由於航空保險有其特殊性，故在核保方面比其他財產保險所須考慮之因素還多，諸如須考慮飛機之用途、維修情形、飛行地區、範圍、飛行人員經驗、自負額、責任限額及保費付款之方式等，並採共同保險經營之。

本章習題

一、請列舉航空保險之種類。

二、航空保險在核保考慮之因素有那些？請分析之。

三、飛機機體保險之保險金額與自負額如何訂定？請說明之。

四、請敍述飛機責任保險之內容。

五、飛機場責任保險之承保對象有那些？請列舉之。

第八章　竊盜保險

第一節　竊盜保險之概述

　　竊盜保險（burglary, robbery and theft insurance）又稱犯罪保險（crime insurance）其創立甚早，早在中世紀時即已存在，德國於十七世紀時，一般火災保險契約中，即附有家畜及普通財物之竊盜保險。近年來，竊盜案件之發生日益增加，中外皆然，使得竊盜保險亦日見其重要。

　　竊盜保險，即承保各種動產因夜盜、強盜或偷竊，而被盜取、毀損或污損等所受損失之保險。目前我國竊盜保險可分為竊盜損失險及住宅竊盜損失險二種，今將於後面幾節說明。

第二節　竊盜損失險

　　本保險對於以下三種名稱有所定義，以助瞭解。

　　1.竊盜：本保險單所稱之「竊盜」係指除被保險人或其家屬或其受僱人或與其同住之人以外之任何人企圖獲取不法利益，毀越門窗、牆垣或其他安全設備，並侵入置存保險標的物之處所，

而從事竊取或奪取之行為。

　　2.處所：本保險單所稱之「處所」係指置存保險標的物之房屋，包括可以全部關閉之車庫以及其他附屬建築物，但不包括庭院。

　　3.損失：本保險單所稱之「損失」係指因竊盜直接所致之毀損或滅失。

一、承保對象

　　㈠官署。

　　㈡學校。

　　㈢敎堂。

　　㈣辦公處所。

　　㈤店舖行號。

　　㈥工廠。

二、保險標的

　　㈠普通物品：

　　凡不訂明之生財器具、家具、衣李均屬之。但不包括珠寶、鐘錶、項鍊、手鐲、寶石、首飾、金銀器皿及皮貨等貴重物品。

　　㈡特定物品：

　　以特別訂明者為限。但珠寶、鐘錶、項鍊、手鐲、寶石、首飾、金銀器皿及皮貨等貴重物品，每件之保險金額不得超過新臺幣一萬元。

三、承保範圍

　　㈠保險標的物因竊盜所致之損失。

　　㈡置存保險標的物之房屋因遭受竊盜所致之損失。但該被毀損之房屋以被保險人所自有者為限。

四、最高賠償金額

(一)普通物品：

每件物品以普通物品總保險金額百分之二或新臺幣五千元為限。但以兩者間較少之金額為準。

(二)特定物品：

每件物品以特別訂明之保險金額為限，並按時價（現值）為準。

五、不保事項

(一)因戰爭、類似戰爭(無論宣戰與否)、敵人侵略、外敵行為、叛亂、內戰、強力霸佔、徵用、沒收、罷工、暴動、民眾騷擾，無論直接或間接所致之損失。

(二)因颱風、地震、冰雹、洪水或其他天然災變，無論直接或間接所致之損失。

(三)因火災、雷電閃擊、爆炸，無論直接或間接所致之損失。

(四)因核子分裂或鎔解或輻射作用，無論直接或間接所致之損失。

(五)保險標的物置存於連續三天無人居住及無人管理之房屋所發生之竊盜損失。

(六)因被保險人或其家屬或其受僱人，或與其同住之人之主謀、共謀或串通所致之竊盜損失。

(七)被保險人對於保險標的物所受之損失，無法證明確係由於竊盜所致者。

(八)車輛、勳章、古董、彫刻品、手稿、珍本、圖案、商品、樣品、模型、字畫、契據、股票、有價證券、硬幣、鈔票、印花、郵票、賬簿、權利證書、牲畜、家禽及食用品等之竊盜損失。

六、保險期限

本保險以一年爲期，不足一年或被保險人中途要求退保應按短期費率計收保費。

七、保險費率

(一)普通物品：每年千分之九・五。

(二)特定物品：每年千分之十九(住宅則爲千分之十四・二五)。

第三節　住宅竊盜保險

一、承保對象

住宅竊盜保險 (residence theft insurance) 之承保對象包括家庭內人員，永久附住 (同居) 及僱用人員的財物。

二、承保範圍

(一)普通物品：

住宅之家具、衣李、家常日用品，及官署、學校、教堂、醫院診所、辦公處所之生財器具。但不包括珠寶、鐘錶、項鍊、手鐲、寶石、首飾、金銀器皿及皮貨等貴重物品在內。

(二)特定物品：

以特別訂明者爲限。但珠寶、鐘錶、項鍊、手鐲、寶石、首飾、金銀器皿及皮貨等貴重物品，每件之保險金額不得超過新臺幣一萬元整。

除上述特定物品外，其他每件物品之最高賠償額以普通物品總保險金額百分之二或新臺幣五千元爲限。但以兩者較少之金額爲準。

三、最高賠償責任額

(一)不列名物品：

每件物品以不列名物品總保險金額之百分之二爲限。但不超過新臺幣五千元。

(二)列名物品：

以特別訂明者爲限。

(三)房屋及其裝修因遭受竊盜所致之損失，以總保險金額之百分之十爲限。但不超過新臺幣五萬元。

(四)前開之第(一)(二)(三)項在保險期間內之累計最高賠償責任，以不超過本保險單所載明之保險金額爲限。

四、不保事項

(一)因戰爭、類似戰爭(不論宣戰與否)、敵人侵略、外敵行爲、叛亂、內戰、強力霸佔、徵用、沒收、罷工、暴動、民衆騷擾，無論直接或間接所致之損失。

(二)因颱風、地震、冰雹、洪水或其他天然災變，無論直接或間接所致之損失。

(三)因火災、雷電閃擊、爆炸，無論直接或間接所致之損失。

(四)因核子分裂或鎔解或輻射作用，無論直接或間接所致之損失。

(五)保險標的物置存於連續三天無人居住及無人管理之房屋所發生之竊盜損失。

(六)因被保險人或其家屬或其受僱人，或與其同住之人之主謀、共謀或串通所致之竊盜損失。

(七)被保險人對於保險標的物所受之損失，無法證明確係由於竊盜所致者。

(八)車輛、勳章、古董、彫刻品、手稿、珍本、圖案、商品、

樣品、模型、字畫、契據、股票、有價證券、硬幣、鈔票、印花、郵票、賬簿、權利證書、牲畜、家禽及食用品等之竊盜損失。

第四節　核保因素與損害之補償

保險公司在承保竊盜保險時，應請要保人提供下列資料加以核保：

1.最近三年曾否發生竊盜？如有，發生幾次？

2.「處所」坐落地區、位置、使用性質、平房或公寓(樓房)。

3.「處所」如係辦公處所則是否有人值夜？如係住宅則是否日夜均有人居住，或只日間有人看管？

4.「處所」有無防盜設施或警報系統及附近有無共同管理員或憲警巡邏？

5.家具、衣李或生財器具等保險標的物是否有投保火災保險？若有，其保險金額若干？

6.特定物品者要保時，則應提供物品類別、型式、廠牌、年份及每件現值及其保險金額之明細表。

保險公司核保時，除依據上述資料以評估要保物品之「實質保險」(physical hazard) 外，並且應注意要保人是否具有「道德危險」之慮。在歐美之保險公司承保竊盜保險則依據承擔危險 (burglary, robbery, theft 等)，按各保險之對象(個人家財、店舖內商店、銀行等) 別，有準備竊盜保險單，而決定評細的條件與費率。

至於在損害補償方面，應補償之損害額，係依據損害發生之地及時之保險標的之價額(時價)，但所賠金額以不超過該項保險

標的物之保險金額或賠償限額為限。其保險金額之支付，雖要依據比例補償計算原理，惟也有可能附實損補償特約作實損補償，其說明如下：

一、比例補償

原則上竊盜保險與一般之財物保險是一樣，要進行比例補償。但前者與火災保險是不同的，保險標的物在一次全部被盜竊之情形是很少的，甚至幾乎無可能性者亦有。例如承保百貨公司或超級市場內之全部商品或銀行內之所有現金為保險標的物時，全損危險之可能性可說幾乎沒有，因此有依下列之實損補償特約承受之方法。

二、實損補償

由於附加實損補償特約，可以用保險金額作為補償限度，將損害實際訂定價格予以全額補償。通常在本特約中，要保人可以自己判斷事故之預測損失額或希望補償額作為基準，予以設定保險金額，而在事故發生時，可受領實損全額，故對保險標的物之總價格無相關連。因此，保險人在承保時，應充分調查承保危險標的物之內容，預測每一事故之最高損害額，慎重且精密的予以判斷之後，算出合理費率。

本章摘要

竊盜保險在意外保險中是屬於較早開發之險種，其所承保之危險乃因「竊盜所受之損害」，此項損害係為「竊盜所受之損害」，乃指「保險之標的物置存之處所為竊盜或強盜，因而被盜取、毀損或污損致被保險人所蒙受之損失」而言。

　　前項所指「竊盜」爲指竊取他人之財物，不用脅迫暴行而將保險標的物移轉爲自己之佔有而言，而「強盜」是指以使用暴力或要脅將他人之財物予以強取，但此項暴力、要脅均須有足以壓制被保險人反抗之程度方可構成。至於毀損、污損乃爲將該財物之使用全部或部分予以侵害而所生之損害亦爲保險人承擔之責任。但是估計損害時限以直接損害爲主，並不包括間接損害。

　　本章所稱之竊盜損失險係不依附於任何保險(如火災保險)而獨立存在之險種，故將其歸屬於意外保險之範圍。由於竊盜保險有較高之道德性危險，故在核保時須由要保人提供諸如過去發生竊盜之紀錄、置存處所之周邊環境及安維措施、物品類別及是否有特殊性等資料供保險人參考。

　　至於在損害補償方面，我國係採比例補償及實損補償兩方式互爲運用，在普通物品方面每件物品以所投保之物品總保險金額百分之二或新臺幣五千元爲限，而以兩者間較少之金額爲限，並按時價(現值)爲準。房屋及其裝修因遭受竊盜所致之損失，以總保險金額百分之十爲限，但不得超過新臺幣五萬元。在前三項所述，保險人在保險期間內累積最高賠償責任，以保單所列之保險金額爲限。

本章習題

一、請分別就竊盜損失險中有關「竊盜」、「處所」、「損失」作一
　　定義。
二、竊盜損失險之保險標的可分爲那兩類？請說明之。
三、住宅竊盜保險之承保對象與承保範圍爲何？請說明之。

四、竊盜保險之核保因素有那些?

五、一般竊盜保險在損害補償方面有那兩種方式?

六、我國竊盜保險損害補償之內容為何?請說明之。

第九章　保證保險

第一節　保證保險之概述

　　所謂保證保險（bonding insurance）係產物保險公司作保證人（surety），對債權人（權利人）保證主要債務人（被保證人）將主要契約上之債務要確實履行。其三者關係可從圖9-1看出，債權人與作爲保證人之產物保險公司間之契約爲保證契約，而主要債務人與其保證人之保險公司所訂之契約係爲保證委託契約。

　　由上述可知，保證保險係擔保主要債務人債務之履行，因此若主要債務人確實履行債務的話，保證人之責任即終了。相反地，若主要債務人因某種事由而不能履行其債務時，保證人則應以下列方法履行保證契約上之債務：

圖9-1 保證保險當事人之關係圖

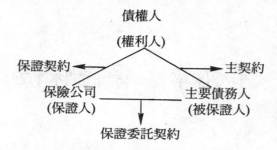

第二節　員工誠實保證保險

一、前言

員工誠實保證保險係由承保公司保證被保險人（即僱主）之受僱員工將誠實執行職務，如有不誠實或詐欺行為，舉凡挪用公款、偷竊、搶奪、侵佔、捲逃及其他不法行為，致被保險人遭受金錢或財物損失，則由承保公司對被保險人負賠償之責。其所稱「受僱員工」應以接受被保險人聘僱、受有人事管理約束，並領有薪資者為限。此項保證業務與竊盜保險相類似，同屬於「犯罪保險」之範圍，故又稱為「不誠實保險」（dishonesty insurance）。

員工誠實保證保險是從民國五十三年由我國產險業開辦，原先稱為「員工信用保證保險」，至民國七十五年因修訂承保辦法及保險單條款，並更名為現今之名稱。此項保證保險具有以下三個共同特點：

㈠連續契約（continuous contract）：

員工誠實保證保險單係一種連續性保險契約，非經註銷，繼續有效。

㈡非累積責任（non-accumulation of liability）：

如前所述，此保險單係屬於連續性之保險契約，因此，不論保證年度之長短，其連續發生之損失，僅能提出一次賠償請求，而不得將所發現之各年度損失額累積而提出賠償請求，如連續發生者，則以最後一次行為之保險金額為賠償限額。

㈢損失發現期間（discovery period）：

任何損失必須發生在保險期間（指連續契約之期間）內，且其損失為不保事項之除外項目，同時必須在一定期間發現，承保公司始負賠償之責。

二、承保對象

以金融機構、政府機關、公私企業及人民團體為對象。個別員工直接要保暫不接受。所有被保證員工，應以接受聘僱及受有人事管理約束，並領受薪資者為限。

三、承保範圍

承保公司對於被保險人所有依法應負責任或以任何名義保管之財產，為任一被保證員工，在其被保證期間內，因單獨或共謀之不誠實行為所致之直接損失負賠償之責。

前項所稱「財產」包括貨幣、票據、有價證券及有形財物在內；所稱「被保證員工」應以接受被保險人聘僱、受有人事管理約束，並領有薪資者為限；所稱「不誠實行為」係指被保證員工之強盜、搶奪、竊盜、詐欺、侵佔或其他不法行為而言。

四、保險標的

被保險人所有依法應負責任或以任何名義保管之財產為標的。前項所稱「財產」，包括貨幣、票據、有價證券及有形財物在內。

五、承保方式

(一)列名方式：

以明細表載明被保證員工之姓名、職務及個別之保險金額。

(二)列職方式：

以明細表載明被保證職位之在職人數及每人之保險金額，各該職位之員工必須全部投保。以列職方式承保時，應簽發批單變更部分條款。

(三)混合方式：

被保險人之全部員工，除經管財物人員依照列名、列職方式辦理外，其他非經管財物人員，得按其總人數統保之，每人之保額均應一律，並須全部投保。

六、不保事項

承保公司對於下列損失，不負賠償責任：

(一)被保險人故意行為所致之損失。

(二)被保證員工之疏忽或過失所致之損失。

(三)被保證員工向被保險人所為之借貸或使用財產所致之損失。

(四)點查財產不符之損失；但確係由被保證員工之不法行為所致者不在此限。

(五)承保範圍內之損失結果所致之任何附帶損失。

七、保險金額

每人之最低保險金額，依照下列規定辦理：

(一)金融業員工：新臺幣十萬元。

(二)其他：新臺幣五萬元。

八、保險期間

自生效日起訂爲一年。續保時得以批單延長之或另簽發保險單續保之（惟應註明前後保單保險期間之連續性）。

九、損失發現期間

㈠自損失發生之日起爲期二年。

㈡任一或全部被保證員工被註銷保證或期滿未續保時，自註銷或期滿之日起爲期六個月，並仍受自損失發生之日起至發現之日止二年期間之限制。

㈢金融業之員工得以批單延長其發現期間爲三年。

十、保險費率

分爲全部員工投保及部分員工投保二種：

㈠全部員工投保費率：

1.金融業：

包括銀行(庫、局)、信託投資公司、票券金融公司、信用合作社、農漁會信用部。

⑴公營金融業：月費率萬分之〇·六六五。

⑵民營金融業：月費率萬分之一·四二五。

2.政府機關及公營企業機構：月費率萬分之一·四二五。

3.民營企業機構及人民團體：月費率萬分之一·九〇。

㈡部分員工投保費率：

1.直接與財務有關人員：

包括主管或經辦財務人員、出納人員、事務人員、財產管理人員、購料人員、投資貸款人員、外勤收款人員、外勤推銷人員：月費率萬分之二·三七五。

2.間接與財務有關人員：

主管或經辦主計人員、業務人員：月費率萬分之一·四二五。

3.其他人員：月費率萬分之○・九五。

十一、保險費優待

員工誠實保證保險之保險費優待，依下列規定辦理之

㈠全部或部分員工投保於起保時將全年保險費一次交付者，得按總保險費給百分之五之優待折扣。

㈡投保員工人數於起保時，達一百人或以上者，得按下列規定分別予以優待折扣：

1.達一百人者：百分之三。

2.達三百人者：百分之六。

3.達五百人者：百分之十。

4.達一千人者：百分之十五。

5.達二千人者：百分之廿二・五。

6.達三千人或以上者：百分之三十。

前兩項保險費優待得合併適用之。

第三節　工程保證保險

一、前言

工程保證保險是屬於「確實保證」之範疇，我國產險業自民國七十五年七月一日正式開辦各種營造契約保證業務, 總稱爲「工程保證保險」，其項目包括「工程履約保證」(performance bond)、「工程預付款保證」(advance payment bond)、「工程投標保證」(bid bond)、「保固保證」(maintenance bond) 及「工程保留款保證」(retention bond)等六種，其各別意義如下：

㈠工程履約保證：

　　簡稱爲履約保證，係由保證人保證承包商將確實履行其與定作人所簽訂之工程契約，依照約定之條件與期限，完成所承包之工程。故承包商若未能依約完成工程，則由保證人會同定作人安排由其他承包商繼續建築完成或賠償定作人之損失。

　　㈡工程預付款保證：

　　保證人保證承包商於領取預付款後，將依照契約所訂條件，如期完成所承包之工程。若定作人於開工後無法從工程估驗款中扣回預付款，即承包商不履行約定亦不償還預付款時，則由保證人向定作人員負賠償責任。

　　㈢工程投標保證：

　　乃由承保公司即保證人保證營造商（被保證人）參加投標後，若得標將依約定期限及條件和定作人簽訂工程契約，若得標後拒不簽約時，則由保證人賠償定作人兩標值之差額。

　　㈣工程工資及材料支付保證：

　　簡稱爲支付款保證。係由保證人(保險公司)保證承包商將依約支付參與營造工程之工人或次承包商之各項工資及材料供應商之價款。其目的乃避免因承包商不依約付款而發生糾紛時，以致影響工程進度或侵害定作人之權益。

　　㈤保固保證：

　　在工程合約中若定有保固期間（maintenance period 通常爲一年）時，則在此期間所完成之工程，如有施工不良或材料瑕疵所造成之缺陷，應由承包商負責修繕及維護。故保固保證乃由保證人保證承包商將確實履行保固責任。

　　㈥工程保留款保證：

　　所謂保留款，乃指定作人自每期付予承包商之工程估驗款中

保留一部分，以保障工程能順利進行，至完工時或驗收後，始將
此保留款付予承包商，其大部分保留百分之十，僅付百分之九十。
故工程保留款保證，即由保證人保證承包商於領得保留款後，將
依約完成所承包之工程。

　　本章節將介紹「工程預付款保證保險」及「工程履約保證保
險」二種工程保證保險。

二、工程預付款保證保險

　　㈠承保範圍：

　　工程承攬人因不履行保險單所載工程契約（以下稱工程契
約），致被保險人對工程預付款無法扣回，而受有損失時，由承保
公司依保險單之約定對被保險人負賠償責任。

　　㈡不保事項：

　　1.被保險人對工程預付款不依工程契約規定，自應付之工程
款中扣回，或因其他可歸責於被保險人之事由，無法收回所致之
損失，承保公司不負賠償責任。

　　2.工程契約所訂工程預付款以外之任何損失，承保公司不負
賠償責任。

　　㈢保險期間：

　　保險單之保險期間為自承攬人領取工程預付款時起，至被保
險人依工程契約規定扣清或承攬人還清全部工程預付款時止。

　　㈣工程預付款變更之通知：

　　工程契約所載工程預付款事項遇有變更時，被保險人應以書
面通知承保公司。

　　被保險人違反前項通知義務時，承保公司之賠償責任仍以原
工程契約為準，其因變更所增加之損失及費用，承保公司不負賠

償責任。但經承保公司書面同意者，不在此限。

㈤發生不履行工程契約事故之通知：

被保險人於知悉承攬人不履行工程契約時，應立即以書面通知承保公司。

被保險人違反前項通知義務時，承保公司對因而擴大之損失不負賠償責任。

㈥賠償之請求：

遇有保險單承保範圍之損失時，被保險人應立即以書面通知承保公司，並檢具賠償請求書、有關資料及文書證件向承保公司請求賠償。

被保險人違反前項規定時，其因而擴大之損失，承保公司不負賠償責任。

㈦賠償金額之計算：

承保公司之賠償金額，以保險單所載保險金額減被保險人已抵扣或可抵扣及承攬人已償還工程預付款之差額為限。

三、工程履約保證保險

㈠承保範圍：

承攬人於保險期間內，不履行保險單所載之工程契約，致被保險人受有損失，而承攬人依工程契約之規定應負賠償責任時，承保公司依保險單之約定對被保險人負賠償之責。

㈡不保事項：

1.承攬人因下列事項未能履行工程契約時，承保公司不負賠償責任：

⑴戰爭（不論宣戰與否）、類似戰爭行為、叛亂或強力霸佔。

⑵依政府命令所為之徵用、充公或破壞。

(3)罷工、暴動或民衆騷擾。但經約定並載明於保險單者，不在此限。

(4)核子反應、核子輻射或放射性污染。

(5)可歸責於被保險人之事由。

2.承保公司對下列損失及費用不負賠償責任：

(1)承攬人不償還預付款所致之損失。

(2)工程設計、施工方法或施工規範因修改或變更所增加之費用。但被保險人於承攬人不履行契約前，以書面通知承保公司者，不在此限。

(3)承攬人不履行工程契約所致利息、違約金、罰款、租金或預期利潤之損失，及重新招標、催告履行或訴訟之有關費用。

㈢保險期間：

本保險單之保險期間爲自承攬人與定作人簽訂工程契約之日起，至定作人驗收工程之日止。

前項所稱驗收係指依工程契約完工後，經定作人檢驗合格者而言。但對工程契約所訂保固或養護期滿後之驗收則不包括在內。

工程經定作人接收或啓用者，視同驗收；依工程性質無須驗收者，以工程契約規定之工作完成時，視爲驗收。

㈣工程契約變更之通知：

工程契約遇有變更時，被保險人應以書面通知承保公司。

被保險人違反前項通知義務時，承保公司之賠償責任仍以原工程契約爲準，其因變更所增加之損失及費用，不負賠償責任。但經承保公司書面同意者，不在此限。

㈤發生不履行工程契約事故之通知：

被保險人於知悉承攬人不履行工程契約時，應立即以書面通

知承保公司。

被保險人違反前項通知義務時，承保公司對因而擴大之損失不負賠償責任。

㈥賠償方式：

承保公司於接獲前條通知後，得選擇下列任一方式對被保險人負賠償之責：

1.由承保公司依照原工程契約完成該工程。

2.由被保險人依照原工程契約發包方式及契約條件而就未完成部分重新發包。承保公司按重新發包之總金額超過原工程契約總金額扣除實際已付承攬人工程費之差額，對被保險人負賠償之責，但最高以不超過保險單所載保險金額爲限。

㈦賠償之請求：

被保險人於知悉承攬人不履行工程契約時，應於卅日內或經承保公司書面同意之期間內檢具下列資料，向承保公司請求賠償，並隨時接受承保公司指派人員之勘查：

1.賠償申請書。

2.損失金額估算書。

3.其他有關資料及文書證件。

被保險人違反前項規定時，承保公司對因而擴大之損失不負賠償之責。

本章摘要

保證保險一般可分爲誠實保證及確實保證兩種。有些學者認爲保證保險非保險，其主要之理由乃保證保險之當事人有三人(即

保證人、權利人及被保證人),而一般之保險僅有兩人(即要保人與保險人),在義務履行方面保證保險具有拘束效力,在損失之估計上,保證保險並無預想之損失,而保費僅是保證人名義上之手續費而已,並在被保證人對於保證人給付權利之補償上有償還之義務。雖有如上之爭論,但一般而言,歐美各國專營之意外保險公司,頗多經營此項保險。

保證保險之對象,分別為誠實保證及確實保證兩類,前者又稱為身分保險,信任或信用保證保險,其主要係指當被保證人行為之不誠實,如竊盜、詐欺、偽造、隱匿、違背職守等,而使權利人遭受損失時,由保證人(即保險人)負補償責任之保證。而後者大多為契約與司法上之保證,保證主要債務人之義務要確實履行,其內容有履行保證、瑕疵擔保保證、性能保證等。

我國保證保險業務之經營有四項,分別為員工誠實保證保險、工程保證保險、工程履約保證保險及工程預付款保證保險等。

保證保險嚴格來說其並非危險成本之分散,所收之保險費是手續費而已。其所重視的乃是被保證人所提供的擔保品,因此在辦理此項業務時,尤其重要的是擔保品之是否「適格」,被保證人之品格、能力與資本、經營理念及技術經驗等,均為保證保險核保時之重要考慮因素。

本章習題

一、請分別說明保證保險當事人之相關性。
二、保證保險之特性為何?
三、員工誠實保證保險之承保對象與承保範圍有那些?

四、員工誠實保證保險之承保方式可分爲那三種？請說明之。

五、工程保證保險之種類有那六類？請分別說明之。

六、請敍述工程預付款保證保險之內容。

七、請敍述工程履約保證保險之內容。

第十章　其他意外保險

第一節　現金保險

一、前言

現金保險（cash insurance, or money insurance）在意外保險之範圍裡，係屬於財產保險之一種，其內容包括「現金運送」（cash-in-transit）、「庫存現金」（cash in safe）及「櫃臺現金」（cash-on-counter），乃承保被保險人所有或負責管理之現金，其在運送途中或置存於金庫或櫃臺範圍，因保險事故所致之毀損或滅失。其主要之承保危險事故為盜竊、搶奪等，故屬於「犯罪保險」之範疇。

我國現金保險自民國五十五年首先開辦「現款運送保險」，隨後並得以附貼批單方式加保「庫存現金」及「櫃臺現金」。而目前新制之保險乃由金融業同業公會於民國七十五年初修訂現金保險承保辦法及保險單條款，報請財政部審核並奉核准自同年九月實施。以下所介紹者即以修訂後之保單條款及承保辦法為內容。

二、定義

本保險所使用之名詞，其定義如下：

㈠「現金」係指國內現行通用之紙幣、硬幣及等值之外幣，或經書面約定加保之匯票、本票、支票、債券、印花稅票及其它有價證券。

㈡「運送人員」係指被保險人指派運送現金之員工，或經被保險人委託之現金專業運送機構指派運送現金之員工。

㈢「運送途中」係指現金經運送人員在起運處所內收受時起至到達目的處所內交付受款人時止而言。

㈣「專用運鈔車」係指專為運送現金之車輛，並須於車內裝置有固定活動式強固且有密碼之保險櫃與引擎電源、短路開關及必要之警報器。

㈤「金庫」係指構築於建築物內專為存放現金及貴重物品之庫房。

㈥「保險櫃」係指置存於建築物內固定處所專存現金及貴重物品之厚重鋼鐵製鐵櫃，但不包括手提式保險箱及文書鐵櫃。

㈦「櫃臺」係指本保險單所載「櫃臺地址及範圍內」之營業處所，但不包括金庫及保險櫃在內。

三、被保險人

以政府機關、金融事業、其它公民營企業、學校及團體為對象（其中以金融事業機構投保者較多）。

四、保險種類

包括現金運送、庫存現金及櫃臺現金三種，可同時合併承保三種或單獨承保其中一種或兩種。

五、保險標的

本保險以承保現金為原則。承保公司得另以批單方式加保匯票、本票、支票、債券、印花稅及其它有價證券，但應將各種票

據或有價證券按其名稱分別列計保險金額，並按照「現金」之費率計收保險費。

六、保險範圍

承保公司對於被保險人所有或負責管理之現金因下列保險事故所致之損失，負賠償責任：

㈠現金運送保險：

在本保險單載明之運送途中遭受竊盜、搶奪、強盜、火災、爆炸或運送人員、運送工具發生意外事故所致之損失。

㈡庫存現金保險：

在本保險單載明之金庫或保險櫃保存中遭受竊盜、搶奪、強盜、火災、爆炸所致之損失。

㈢櫃臺現金保險：

在本保險單載明之櫃臺地址及範圍內遭受竊盜、搶奪、強盜、火災、爆炸所致之損失。

被保險現金發生第一條承保範圍內之任何一次損失時，被保險人應自行負擔損失金額之百分之十，最高以新臺幣一百萬元為限。

七、不保事項

承保公司對於下列事項所致之現金損失不負賠償責任：

㈠適用於一般性者：

1.因戰爭、類似戰爭、敵人侵略、外敵行為（不論宣戰與否）、叛亂、內戰、或被合法當局沒收所致之損失。

2.因核子分裂或輻射作用所致之損失。

3.因罷工、暴動、民眾騷擾所致之損失。但經書面約定加保者不在此限。

4.因颱風、地震、洪水或其他天然災變所致之損失。但經書面約定加保者不在此限。

5.被保險人或其受僱人、運送人員之故意或重大過失行爲所致之損失。

6.因被保險人之受僱人或運送人員之詐欺、背信、侵佔或其他犯罪行爲所致之損失。

7.現金因點鈔員疏忽、錯誤或點查不符所致之損失。

8.因現金損失結果所致之附帶損失。

㈡適用於現金運送保險者:

1.非被保險人指派之運送人員負責運送所發生之損失。

2.在運送途中,除運送車輛駕駛人外,未經指派運送人員二人以上負責運送時所發生之損失。

3.以專用運鈔車運送,而現金於運送途中未存放於保險櫃內所發生之損失。

4.被保險人指派之運送人員於執行運送任務時,因受酒類或藥劑之影響所致之損失。

5.運送途中現金無人看管時所發生之損失。

6.以郵寄或託運方式運送所致之損失。

㈢適用於庫存現金保險者:

1.現金置存於本保險單載明之金庫或保險櫃以外所發生之損失。

2.在被保險人營業或辦公時間以外,金庫或保險櫃未予鎖妥時發生竊盜、搶奪、強盜之損失。

㈣適用於櫃臺現金保險者:

1.在本保險單載明之櫃臺地址及範圍以外所發生之損失。

2.在被保險人營業或辦公時間以外所發生之損失。

3.置存現金之櫃臺無人看守時所發生之損失。

4.被保險人或其受僱人未經收受前或已經交付後所發生之損失。

5.因被冒領或票據、存摺、存單或其他單據被偽造、變造所致之損失。

第二節 玻璃保險

一、前言

玻璃保險（plate glass insurance）爲意外保險中較爲古老且簡單之一種，係承保玻璃破損之損失。乃因今日玻璃之用途甚廣，不但可防護外物之侵入，且具有商業廣告之價值。

二、承保範圍

㈠保險標的物因意外事故所致之毀損或滅失，本公司負賠償之責。

㈡因前條毀損或滅失所需拆除、重新裝置或爲減輕損失所需合理之費用，本公司亦負賠償之責。但保險金額低於保險價額者按比例分攤。

三、不保事項

承保公司對於下列各項事故，不負賠償責任：

㈠戰爭（不論宣戰與否）、類似戰爭行爲、叛亂或強力霸佔。

㈡罷工、暴動或民衆騷擾。

㈢政府治安或消防當局之命令所爲之扣押、沒收、徵用、充公或故意破壞。

㈣核子反應、核子輻射或放射性污染。

承保公司對於下列各項損失，不負賠償責任：

㈠自然耗損、刮損、磨損、原有瑕疵或破損。

㈡因保險標的物毀損或滅失之任何附帶損失。

㈢裝置保險標的物之房屋無人居住連續達六十天以上所發生之任何毀損或滅失。但經承保公司書面同意者，不在此限。

㈣被保險人或其家屬或其受僱人之故意行為所致之毀損或滅失。

㈤火災、爆炸、颱風、地震、洪水所致之毀損滅失。

四、保費之決定因素

玻璃保險之保險費，其主要決定因素有以下六種：

㈠大小。

㈡成本。

㈢種類及用途。

㈣位置。

㈤使用場所（如教堂、住宅或商業大樓）。

㈥使用場所所在地區。

除第㈠項決定之基本保費外，其餘各項皆就基本保費予以增減。

五、理賠事項

保險標的物毀損或滅失時，被保險人應按下列規定辦理：

㈠自知悉後立即通知承保公司。

㈡立即採取必要合理措施，以減少損失至最低程度。

㈢保留受損及可能受損之保險標的物，隨時接受承保公司指派人員之勘查。

㈣提供承保公司所要求之有關資料及文書證件。

保險標的物之毀損或滅失，承保公司得選擇對其全部或一部予以修復或換裝或賠付現金。

保險標的物毀損或滅失時，倘其實際價值超過本保險單所載之保險金額，其差額應視爲被保險人所自保，被保險人應按比例分攤其損失。

保險期間內一次或累積之賠款金額達總保險金額時，本保險單之效力即行終止，保險費不予返還。

保險標的物之毀損或滅失係由於第三人之行爲所致者，非經承保公司書面同意，被保險人不得和解或放棄追償權利。

保險標的物毀損或滅失時，如同一保險標的物訂有其他保險契約，承保公司僅負比例分攤之責。

對於承保公司應賠付之金額發生爭議時，得交付仲裁。仲裁時，依商務仲裁條例之規定辦理。

第三節　銀行業綜合保險

一、前言

銀行業綜合保險係爲避免銀行發生遺漏、重複、節省人力財力、化繁爲簡，以一張保單獲得所需之一切必要保障，進而發揮銀行功能，促使業務發展。

二、承保對象

以銀行(庫局)、郵政局、信託投資公司、票券公司、信用合作社、農漁會信用部及其他經營銀行業務之金融機構爲保險對象。

三、保險標的

承保被保險人在保險有效期間內發現因承保範圍所列事故致遭受之財務損失爲限。

四、承保範圍

依據下述各保險條款中所提供之保險範圍與保障：

㈠員工之不忠實行爲：

由於被保險人員工意圖獲取不當利得，單獨或與他人串謀，不忠實或詐欺行爲所致被保險人財產之損失。

㈡營業處所之財產：

1.被保險人置存於營業處所內之財產，因竊盜、搶劫、誤放或其他不明原因之失蹤或毀損所致之損失。

2.顧客或其代表所持有之財產在被保險人營業處所內因前項危險事故所致之損失。

㈢運送中之財產：

被保險人之財產於其員工或專責運送機構運送中所遭受之毀損滅失。

㈣票據及有價證券之僞造或變造：

支票、本票、匯票、存款證明、信用狀、取款憑單、公庫支付令之僞造或變造及就經僞造或變造之票據及證件付款所致之損失。

㈤僞造通貨：

被保險人善意收受經僞造或變造之中華民國政府發行流通之本位幣或輔幣而生之損失。

㈥營業處所及設備之損毀：

被保險人營業處所及其內部裝潢、設備、家具、文具、供應品、保險箱及金庫等，因竊盜、搶劫、惡意行爲所致之毀損滅失。

㈦證券或契據之失誤：

被保險人於正常營業過程中，善意就本保險單所規定之證券契據為行為，而該項證券或契據曾經偽造變造或遺失、竊盜所致之損失。

以上㈠至㈦項被保險人得全部要保，亦得選擇一項或數項要保之。

五、附加保險

承保公司得以批單加費方式承保：

㈠董事執行屬於一般員工範圍之職務，而非董事行為所致之損失。

㈡偽造電報所致之損失。

六、保險金額

㈠保險金額係按每次損失為基礎,於賠款後並自動恢復保額,無須另付保費。

㈡被保險人得約定每次損失或起於同一事故一連串損失之總賠償限額，亦得分別約定前述承保範圍各項之賠償限額，由被保險人依據實際需要而訂定之。

七、自負額

遇有承保範圍內之任何一次損失，被保險人應先行負擔保險單所訂之自負額，承保公司僅對超過上述自負額部分之損失負賠償之責。

八、保險費率

本保險在國內因係新創,尚無承保資料及損失經驗可供參考,試辦期間須參照下列因素，逐案洽請再保險人提供參考費率訂定之：

㈠銀行規模之大小。

㈡最大可能損失之金額。

㈢員工人數。

㈣需要之保險金額。

㈤防護、一般內部稽核及安全措施等。

九、保險期間

本保險契約以一年爲期間。

十、短期費率

本保險之保險期間不足一年或被保險人中途要求退保時，應按後列短期費率計收保險費：

一個月或以下者，按照全年保險費百分之十五。

一個月以上至二個月者，按照全年保險費百分之二十五。

二個月以上至三個月者，按照全年保險費百分之三十五。

三個月以上至四個月者，按照全年保險費百分之四十五。

四個月以上至五個月者，按照全年保險費百分之五十五。

五個月以上至六個月者，按照全年保險費百分之六十五。

六個月以上至七個月者，按照全年保險費百分之七十五。

七個月以上至八個月者，按照全年保險費百分之八十。

八個月以上至九個月者，按照全年保險費百分之八十五。

九個月以上至十個月者，按照全年保險費百分之九十。

十個月以上至十一個月者，按照全年保險費百分之九十五。

十一個月以上者，按照全年保險費百分之百。

十一、最低保險費

每張保險單之最低保險費不得少於新臺幣五千元。

十二、承保地區

以臺灣地區爲限。

第四節 商業動產流動綜合保險

一、承保範圍

　　承保公司對保險標的物在本保險單所載區域內，且在被保險人之營業處所外，於下列情況因外來突發事件所致保險標的物之毀損或滅失，依照本保險契約之規定，負賠償責任。

　　㈠正常運輸途中。

　　㈡正常運輸途中之暫時停放，以不超過七天爲限，但得經承保公司之事前同意加批延長之。

　　㈢修理保養期間。

　　㈣操作使用期間。

　　㈤委託他人加工處理期間。

　　㈥委託他人銷售期間。

　　㈦巡迴展示銷售期間。

　　㈧出租於他人使用期間。

　　前項所稱「正常運輸途中」係指始於開始裝載，經一般習慣上認爲合理之運送路線及方法爲運送，以達於卸載完成時止。所謂「運輸」包括被保險人自行運送或委託他人運送而言。

　　被保險人得經承保公司之同意，於加繳保費後由承保公司以批單方式加保內河沿海及離島水運。

　　本保險單遇有任何一次賠款時，承保公司僅對超過自負額之部分負賠償責任。

　　本保險單所承保之毀損滅失，以保險標的物在本保險單約定

之區域及有效期間內，直接因意外事故所致之損失爲限。

二、不保標的

承保公司對下列財物之毀損滅失，除經特別約定載明者外，不負賠償責任。

㈠受託或受託寄售之財物。

㈡金銀條塊、貴重金屬及其製品、珠寶、玉石首飾、古玩、藝術品。

㈢文稿、圖樣、紙樣、圖書、圖案、模型。

㈣貨幣、股票、債券、郵票、印花、稅票、票據及其他有價證券。

㈤各種文書證件、帳簿或其他商業憑證簿冊。

㈥運送保險標的物之運送工具，如汽車、機車、船舶、飛機等。

㈦動物、植物。

㈧已裝載於船舶或未完全自船舶卸載或受海上貨物運輸保險所承保之進出口貨物。

三、不保事故

承保公司對下列各種危險事故所致保險標的物之毀損滅失，除經特別載明者外，不負賠償責任。

㈠各種放射線之輻射及放射能之污染以及直接或間接因原子能引起之火災或延燒。

㈡火山爆發、地下天然氣發火以及不論意外與否由於森林平野或叢草之焚燒。

㈢戰爭(不論宣戰與否)、類似戰爭行爲、叛亂、強力霸佔、徵用、沒收、政府機關之行政措施、非法運送、海關沒收、檢疫所

的破壞。

　㈣保險標的物使用不當，致超越其承受量或負荷而造成保險標的物本身之損失。

　㈤保險標的物屬電機、電氣器具或電氣設備者，因使用過度、電壓過高、搭線、短路、電弧或漏電等而致保險標的物本身之毀損或滅失。

　㈥標的物本質或自然耗損、固有瑕疵、腐蛀、沖蝕、蟲蝕。

　㈦鍋爐、蒸氣管、蒸氣引擎等因爆炸、破裂而致本身之毀損。

　㈧事故發生而無法舉證之損失。

　㈨清點或盤存時所發現短缺之損失。

　㈩包裝不良、捆紮不當及誤取錯拿標的物之損失。

　㈡任何附帶損失。

　㈢被保險人、要保人、其家屬或負責人之故意行為所致之損失。

　㈢標的物試驗之損失。

　㈣竊盜行為之損失。

　㈤因罷工、暴動、民衆騷擾、無論直接或間接所致之毀損滅失。

四、理賠事項

　㈠保險標的物遇有毀損或滅失時，該毀損或滅失標的物之價值以事故發生時、發生地之市場價值為準。

　㈡遇有危險事故發生，致使標的物之標籤、包裝或封口有所毀損時，承保公司之賠償責任僅以重貼或重裝該標籤、包裝或封口之費用為限。

　㈢被保險人於保險標的物發生損失時，不得放棄任何標的物

而以全損請求賠償。

任何一套或一組保險標的物遇有部分損害或滅失時，承保公司之賠償責任僅以該毀損部分對整套或整組標的物之合理比例為限。

㈣承保公司對應負賠償責任之毀損保險標的物，得決定按危險事故發生時之實際價值賠償或予以回復原狀。

所謂「回復原狀」係指回復至類似保險標的物毀損瞬間前之狀態而言。

㈤保險標的物遇有意外事故時，要保人或被保險人應盡力避免或減輕損失，其因而所生之必要費用，由承保公司按本保險單最高賠償責任金額對截至事故發生時保險標的物價值累計總額之比例補償之。

實際損失與補償費用之合計超過保險金額時，以保險金額為限。

被保險人不為前項義務其因而擴大之損失，承保公司不負賠償責任。

被保險人執行第一項之工作時，不影響其對於本保險契約之權利義務。

㈥被保險人於知悉發生損失時，應保留現場及被毀損標的物之原狀，並

1.立即通知承保公司，並儘速提供承保公司所需之一切詳細資料。

2.對該項保險標的物之損失原因，負舉證之責。

3.以書面向對於該項損失負有責任之運送人、受託人或其他第三人要求賠償，並將該索賠文件副本及有關資料送交承保公司。

4.採取一切適當步驟追索喪失之財物，並於遭受故意破壞時，應立即通知治安單位，查明罪犯依法訴追。

㈦除被保險人外，任何本保險標的物之運送人、受託人或其他第三人均不得直接或間接享有本保險單所生之利益。

保險標的物發生損失而其責任可諉因於前項運送人、受託人或其他第三人時，被保險人如未經承保公司同意，擅自免除或減輕該運送人、受託人或其他第三人之責任或私自決定損失賠償金額者，承保公司不負賠償責任。

㈧保險標的物遇有毀損滅失時，倘被保險人經承保公司之書面同意，已由對該項損失負賠償責任之第三人得到賠償，承保公司僅對該項賠償未足之數額負責，但以保險金額為限。保險標的物遇有毀損滅失時，承保公司得勘查現場估計損失，並採取適當之處置。

㈨承保公司於支付賠償金後，得就賠償金額之範圍內，對該項損失負有賠償責任之第三人行使代位求償權。

承保公司行使前項權利時，被保險人應依承保公司要求協助承保公司辦理，所需費用則由承保公司負擔。

㈩凡承保公司依照本保單之規定應負賠償責任時，被保險人如有其他財產保險契約亦能賠償該項損失者，則承保公司僅按本保險單保險金額對所有承保保險單保險金額之總合負比例分攤之責。

㈩㈠承保公司與被保險人對於理賠數額發生爭議時，得依商務仲裁條例之規定，請求交付仲裁。

被保險之任何賠償請求經承保公司書面拒絕後，倘在二十四個月內未訴諸仲裁或提出訴訟，則視為放棄該項賠償請求權。

本章摘要

其他意外保險包括現金保險、玻璃保險、銀行業務綜合保險及商業動產流動綜合保險等。

現金保險所承保之範圍有現金運送、庫存現金及櫃臺現金三項，被保險人以政府機關、金融事業及其他公民營企業、學校及社會團體等，但以金融機構投保較多。並爲明確其承保責任，故對於現金保險中易引起爭議之文字予以詮釋，如「現金」、「運送人」、「運送途中」、「專用運鈔車」、「金庫」、「櫃臺」等。

玻璃保險雖屬於財產保險之範圍，但在保險標的之性質上，玻璃損害發生之形態上，卻經常以全損之形態予以處理之情形爲多，此乃本保險之特點。在損害之補償方面，保險人得以修復、換裝或賠付現金方式擇一爲之。在費率訂定之時，有各種加減費率考慮之因素，如出入是否頻繁，是否爲危險或特殊構造，防護設備狀況及玻璃之種類，厚度與面積等。

銀行綜合保險爲一綜合式保險，其承保範圍包括員工之不忠實行爲、營業處所之財產、運送中財產、票據及有價證券之僞造或變造、僞造通貨、營業處所及設備之毀損與證券及契據之失誤等。其可由要保人就前列各項擇一項或數項或全部要保。因此其對要保人及對被保險人之「忠實」要求爲本保險單負責之先決條件，並需貫徹「共同監管」、「雙重管制」及「定期稽核」之制度。

商業動產流動綜合保險乃超越原有火災保險、竊盜保險所承保之危險，而以承保在一定區域內(保單所約定)且在被保險人營業處所外，因使用、保管或移動中而遭致外來突發事故所致保險

標的物之毀損或滅失的危險事故，因此其特色乃以採 ALL RISK 為承保方式。也由於其承保範圍之廣泛，其業務量也大量成長，尤其隨著社會之進步，高級動產之財物(如高級家具、貴金屬、藝術品類、裝置類等)之普遍及危險多樣化，更增加對此項保險之需求。

本章習題

一、請說明在現金保險中有關「現金」、「運送途中」、「金庫」、「保險櫃」、「櫃臺」等名詞之定義。

二、請說明「現金運送保險」之不保事項。

三、玻璃保險之保險費決定因素為何？請列舉之。

四、銀行業務綜合保險之承保範圍有那些？請列舉之。

五、請列舉商業動產流動綜合保險之不保標的。

六、請列舉商業動產流動綜合保險之不保危險。

三民大專用書書目——經濟‧財政

書名	著者		服務機構
經濟學新辭典	高叔康	編著	
經濟學通典	林華德	譯著	臺灣大學
經濟思想史概要	羅長闓	著	
經濟思想史	史考特	著	
西洋經濟思想史	林鐘雄	著	臺灣大學
歐洲經濟發展史	林鐘雄	著	臺灣大學
近代經濟學說	安格爾	著	
比較經濟制度	孫殿柏	著	政治大學
經濟學原理	密爾	著	
經濟學原理	歐陽勛	著	前政治大學
經濟學導論	徐育珠	著	南康涅狄克州立大學
經濟學概要	趙鳳培	著	前政治大學
經濟學	歐陽勛、黃仁德	著	政治大學
通俗經濟講話	邢慕寰	著	前香港大學
經濟學（新修訂版）（上）（下）	陸民仁	著	政治大學
經濟學概論	陸民仁	著	政治大學
國際經濟學	白俊男	著	東吳大學
國際經濟學	黃智輝	著	東吳大學
個體經濟學	劉盛男	著	臺北商專
個體經濟學	趙鳳培	譯	前政治大學
個體經濟分析	趙鳳培	著	前政治大學
總體經濟分析	趙鳳培	著	前政治大學
總體經濟學	鐘甦生	著	西雅圖銀行
總體經濟學	趙鳳培	譯	政治大學
總體經濟學	張慶輝	著	政治大學
總體經濟理論	孫震	著	臺灣大學校長
數理經濟分析	林大侯	著	臺灣大學
計量經濟學導論	林華德	著	臺灣大學
計量經濟學	陳正澄	譯	臺灣大學
現代經濟學	湯俊湘	著	中興大學
經濟政策	湯俊湘		中興大學

書名	著（編、譯）者		服務機關
平均地權	王全祿	著	內政部
運銷合作	湯俊湘	著	中興大學
合作經濟概論	尹樹生	著	中興大學
農業經濟學	尹樹生	著	中興大學
凱因斯經濟學	趙鳳培	譯	政治大學
工程經濟	陳寬仁	著	中正理工學院
銀行法	金桐林	著	華南銀行
銀行法釋義	楊承厚	編著	銘傳管理學院
銀行學概要	林葭蕃	著	
商業銀行之經營及實務	文大熙	著	
商業銀行實務	解宏賓	編著	中興大學
貨幣銀行學	何偉成	著	中正理工學院
貨幣銀行學	白俊男	著	東吳大學
貨幣銀行學	楊樹森	著	文化大學
貨幣銀行學	李穎吾	著	臺灣大學
貨幣銀行學	趙鳳培	著	政治大學
貨幣銀行學	謝德宗	著	臺灣大學
現代貨幣銀行學（上）（下）（合）	柳復起	著	澳洲新南威爾斯大學
貨幣學概要	楊承厚	著	銘傳管理學院
貨幣銀行學概要	劉盛男	著	臺北商專
金融市場概要	何顯重	著	
現代國際金融	柳復起	著	新南威爾斯大學
國際金融理論與制度（修訂版）	歐陽勛、黃仁德	編著	政治大學
金融交換實務	李麗	著	中央銀行
財政學	李厚高	著	逢甲大學
財政學	顧書桂	著	
財政學（修訂版）	林華德	著	臺灣大學
財政學	吳家聲	著	經建會
財政學原理	魏萼	著	臺灣大學
財政學概要	張則堯	著	前政治大學
財政學表解	顧書桂	著	
財務行政（含財務會審法規）	莊義雄	著	成功大學
商用英文	張錦源	著	政治大學
商用英文	程振粵	著	臺灣大學
貿易英文實務習題	張錦源	著	政治大學
貿易契約理論與實務	張錦源		政治大學